CONEXIÓN SUPREMA

CONEXIÓN SUPREMA

DESPIERTA TU POTENCIAL
Y DISEÑA LA VIDA QUE SIEMPRE
HAS DESEADO

MEMO SERRANO

CONEXIÓN SUPREMA
Publicado Por Editorial Misión

Copyright © 2025 por Memo Serrano

Primera Edición: Enero 2025

L ibro Tapa Blanda: 978-1-958677-40-7
Libro Tapa Dura: 978-1-958677-41-4

Todos los derechos de autor reservados por las Leyes Internacionales del Copyright. El autor prohíbe la reproducción parcial o total del contenido de esta obra por cualquier medio o procedimiento. Para su difusión se deberá solicitar permiso por escrito con noventa días de anticipación.

Esta publicación ha sido meticulosamente diseñada para proporcionar información competente y fiable referente al tema abordado. Cabe destacar que se ofrece bajo la premisa de que ni el autor ni el editor están ofreciendo asesoramiento legal, financiero o de cualquier otra índole profesional para el caso específico del lector. Es importante señalar que las leyes y prácticas pueden variar significativamente de una jurisdicción a otra. Por lo tanto, si se requiere asistencia legal o de otro tipo especializado, recomendamos encarecidamente consultar a un profesional calificado. Tanto el autor como el editor se eximen de cualquier responsabilidad derivada del uso o aplicación de la información contenida en esta obra.

Para obtener más información, envíe un correo electrónico a: ceo@memoserrano.com.

Editorial Misión, publica libros simples y útiles para emprendedores, *coaches*, conferencistas y dueños de negocio, con la intención de impulsarlos a transformar vidas con su mensaje. Nuestros libros son fáciles de crear y rápidos de leer, diseñados para solucionar un problema específico. Editorial Misión ofrece un proceso sencillo para permitir que los emprendedores y dueños de negocios se beneficien de la autoridad que proviene de tener un libro, sin la molestia y el compromiso del tiempo normalmente asociado con definir, estructurar, escribir, corregir, editar, diseñar, publicar y promover su obra.

¿Tiene usted la idea de escribir un libro que transforme vidas?
Visite: www.EditorialMision.com para más detalles.

Dedico este libro a mi esposa, el amor de mi vida, Violeta Álvarez, por armarme cuando estaba desarmado, por ser esa mujer extraordinaria que, a través de su temple, de su carácter, de su amor, siempre me muestra el lado positivo de las cosas y saca lo mejor de mí.

Y a mis hijos, por ser mis más grandes maestros y mi más grande inspiración para ser la mejor versión de mí.

ÍNDICE

Prólogo 11

Introducción 17

Capítulo 1. Mi lucha por encontrar sentido 23

Capítulo 2. Mi viaje hacia el desarrollo personal 31

Capítulo 3. Creando una nueva realidad 39

Capítulo 4. Cuando la Fiesta No Termina 43

Capítulo 5. Cuando Todo Colapsa 51

Capítulo 6. Cambiando el Rumbo 69

Capítulo 7. Renacer Interior 75

Capítulo 8. Rompiendo Límites 85

Capítulo 9. 7 Pasos De La Autosugestión 95

Capítulo 10. Despierta Tu Grandeza 107

Capítulo 11. El Poder de la Decisión 131

Conclusión 155

Agradecimientos 163

Acerca del autor 167

PRÓLOGO

Hace algunos años, mientras tomaba un espresso doble en Café 4AM (mi cafetería en Mérida, Yucatán, México), noté que a mi lado había un chavo de unos 20 a 25 años escribiendo de forma obsesiva en una libreta. El chavo veía su laptop, donde se reproducía un curso digital, y regresaba a sus notas, una y otra y otra vez. Escribía con una furia e intensidad tal que parecía que su futuro mismo dependía de esas notas.

"¡Ja! He estado ahí", fue lo único que pude pensar.

He estado en esos momentos donde la vida, el negocio, la paternidad o lo que sea te pone a buscar respuestas, estrategias e información para vivir mejor. He estado en esos momentos donde uno persigue mentores y secretos que pareciera que todos entienden menos uno, y he tomado notas con esa misma intensidad.

Y en ese instante me acordé de un momento específico que transformó mi vida para siempre.

Era el año 2020, justo durante la pandemia, y después de haber vivido 5 años donde mi negocio duplicaba o triplicaba facturación todos los años, los gobiernos decidieron cerrar al mundo, y un torbellino de sucesos y catástrofes resultó en que, en menos de 30 días, pasé de "emprendedor exitoso" a tener un millón de dólares en deuda, ataques de ansiedad y problemas por todos lados.

Mi realidad se había colapsado, mi identidad de "emprendedor exitoso" se había quebrado a pedazos y poco quedaba de mí y de mi autoimagen.

Y fue ahí cuando entendí que saber mucho no basta. Fue ahí donde entendí que uno necesita vivir una vida integral, multifacética y apasionada en todos lados, no solo en el negocio. Y eso es exactamente lo que *Conexión Suprema* entrega: una guía honesta y contundente para dejar de vivir en piloto automático y construir una vida con significado.

Memo Serrano no es un autor que escribe desde la teoría. Es alguien que ha enfrentado las tormentas de la vida, las ha usado como lecciones y ha creado un mapa práctico para que otros puedan navegar sus propias tormentas. ¿Por qué Memo es la persona ideal para escribir este libro? Porque es un ejemplo vivo de transformación.

Desde sus inicios, pasando por decisiones críticas que lo llevaron al borde del abismo, hasta convertirse en mentor y guía para cientos de personas que buscan romper barreras, Memo ha demostrado que la clave del cambio está en la acción consciente y estratégica.

Conexión Suprema no es un libro más de crecimiento personal. Es una hoja de ruta práctica para quien está cansado de estancarse y quiere resultados reales. Aquí no encontrarás frases bonitas para pegar en la pared; encontrarás un sistema probado que combina una autoimagen poderosa, decisiones firmes y una visión clara para convertir tus sueños en realidades tangibles. Memo comparte no solo sus estrategias, sino también sus luchas, porque sabe que el lector no necesita perfección, sino herramientas reales para avanzar.

¿Qué es lo que más me emociona de este libro?

Que no está diseñado para inspirarte un rato y dejarte igual que antes. Está hecho para transformarte desde la raíz. Mientras avances página a página, te darás cuenta de que Memo no solo te da un mensaje, sino una misión: construir una vida sin límites.

Así que, antes de que pases a la primera página, déjame preguntarte algo: ¿Estás dispuesto a estudiar y tomar notas de forma obsesiva como ese chavo en la cafetería?

¿Estás dispuesto a hacer de este libro un punto de inflexión en tu vida?

Si la respuesta fue sí, estoy seguro de que hoy empezarás un camino que te transformará para siempre.

Baja el ego, abre el corazón y comienza a vivir una vida sin límites.

Cris Urzúa
www.CrisUrzua.com

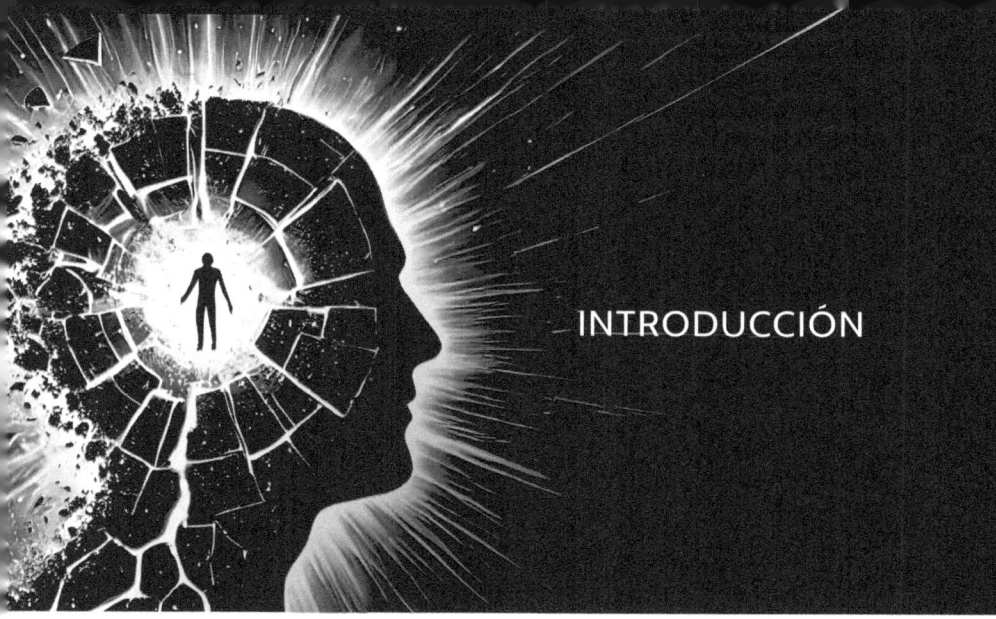

INTRODUCCIÓN

¿Qué harías si supieras que tienes todo para triunfar, pero algo sigue deteniéndote? Esa es una de las preguntas más frustrantes y desgarradoras que enfrentan muchas personas todos los días. Has tomado cursos, leído libros, asistido a conferencias. Te dicen: "Aprende más, trabaja más duro, y lo lograrás". Pero aquí estás, sintiéndote atascado. Tienes el conocimiento, pero los resultados simplemente no llegan.

¿Para quién es este libro?

Es para quienes están cansados de acumular información y no ver un cambio real. Para quienes sienten que han hecho todo "bien" pero no logran conectar su saber con el éxito tangible. Es para los que quieren dejar atrás el estancamiento y transformar su vida. También, es para todos aquellos que han considerado que no pueden lograr una vida extraordinaria y bendecida porque no estudiaron una carrera formal, no nacieron en cierto lugar, o por cualquier otra razón.

Ahora, también quiero decirte algo importante: **este libro no es para todos.** Si buscas soluciones mágicas o crees que el éxito llegará sin esfuerzo, este libro no es para ti. Aquí no hay atajos ni promesas vacías. Este libro es para los valientes, para quienes están dispuestos a mirar dentro de sí mismos y hacer el trabajo necesario.

El problema es claro: la falta de autoconocimiento, la carencia de un deseo ardiente y una visión clara de lo que realmente queremos, junto con la distancia entre el saber y el hacer. Esto ha causado frustración, dudas y, en muchos casos, hasta renuncias. Pero aquí está la buena noticia: **el autoconocimiento no solo es posible, es alcanzable. El deseo y la visión pueden cultivarse, y esa distancia que hay entre lo que sabes y lo que haces, se puede cerrar.** Este libro contiene la fórmula exacta para lograrlo. No es teoría ni simple motivación. Es una guía práctica basada en principios probados, herramientas claras y estrategias aplicables que han transformado mi vida y la de cientos de personas.

Te hablo desde mi propia experiencia. No nací con todas las respuestas ni con una vida perfecta. Comencé desde cero, en situaciones que me empujaron al límite. Como tú, también sentí frustración al darme cuenta de que todo lo que había aprendido no se reflejaba en mi realidad. Hubo momentos en los que sentí que nunca lo lograría. Pero, gracias a mentores como Bob Proctor y años de trabajo interno, entendí algo esencial: **no basta con saber; tienes que reprogramar tu mente y actuar conscientemente. ¡DEBES SER INTENCIONAL!**

Permíteme contarte un poco más sobre quién soy y por qué este libro puede cambiar tu vida. Mi nombre es Memo Serrano, soy Elite Mindset Coach, conferencista y consultor del Proctor Gallagher Institute, una institución de prestigio mundial reconocida como la cuna del desarrollo personal y la transformación integral. Sin embargo, hoy tengo mi propia empresa de consultoría de negocios y mentalidad llamada: **Memo Serrano Elite Coaching**. Desde el año 2007, he trabajado como ingeniero, ejecutivo de ventas, líder en Network Marketing y, más recientemente, como mentor de desarrollo personal. He generado más de $3.5 millones de dólares en ventas en tan solo tres años y medio y he ayudado a transformar la vida de miles de personas. Pero mi mayor logro no está en los números; está en ver a personas como tú superar sus barreras internas y alcanzar metas que antes parecían imposibles.

¿Qué puedes esperar de este libro?

Primero, una promesa: **al terminar este libro, tendrás las herramientas necesarias para cerrar la distancia entre el saber y el hacer.** Vas a tener mayor autoconocimiento, vas a aprender cómo reprogramar tu mente subconsciente, identificar y eliminar las creencias limitantes que te han frenado, y actuar de manera alineada con tus metas. Este libro te llevará paso a paso, de la frustración al éxito, ayudándote a desbloquear tu verdadero potencial.

Déjame ser claro: esto no es solo un libro, es un plan de acción. Cada capítulo está diseñado para llevarte más cerca de la transformación que estás buscando. Si aplicas lo que aquí comparto, verás cambios reales en tu vida. No se trata solo de soñar; se trata de hacer que esos sueños sean tu nueva realidad.

El momento de actuar es ahora.

No puedes seguir postergando tu éxito. Cada día que dejas pasar, es un día más que estás lejos de vivir la vida que mereces. Este libro no solo te muestra cómo cambiar, sino también por qué es urgente hacerlo hoy. No mañana, no la próxima semana: hoy.

Piensa en esto: si continúas haciendo lo mismo, seguirás obteniendo los mismos resultados. Pero si te comprometes a seguir esta fórmula, todo puede cambiar. Te prometo que, si aplicas cada principio que encontrarás aquí, no solo cerrarás la brecha entre el saber y el hacer; transformarás cada área de tu vida. Tu mentalidad, tus resultados y tus relaciones darán un giro que nunca creíste posible.

Por último, quiero motivarte a leer cada capítulo con atención y aplicar cada paso. No te saltes nada, porque cada parte de este libro está diseñada para llevarte al siguiente nivel. Estoy aquí para caminar contigo en este proceso, porque he estado donde tú estás y sé lo que se siente. Pero también sé lo que significa salir del estancamiento y vivir la vida con propósito, claridad y éxito.

¿Estás listo para comenzar?

La decisión es tuya. Lo único que necesitas ahora es dar el primer paso. Abre tu mente, comprométete contigo mismo y prepárate para transformar tu vida. Estoy contigo en este camino, y juntos vamos a lograrlo. Porque la inteligencia sin conciencia es estéril, pero con conciencia, tu potencial no tiene límites. Vamos, tú eres más grande y fuerte que tus paradigmas y creencias limitantes. ¡Nunca te rindas! Nunca rendirse es un superpoder... y tú lo posees, ¡sé fuerte! **Dios te bendice.**

CAPÍTULO 1
MI LUCHA POR ENCONTRAR SENTIDO

Desde que crecí en el estado de Sinaloa, en México, mis padres siempre me dieron amor, y eso lo agradezco muchísimo. Pero, además, también me enseñaron a trabajar y a valorar la integridad y la honestidad. Ellos hablaban de un plan de vida que no era algo que habían inventado, sino algo común en esa época. Ese plan era: "Hijo, estudia para que tengas un buen trabajo, te cases y seas feliz". Y eso fue lo que hice.

Estudié hasta obtener mi título en Ingeniería. Durante más de cinco años, trabajé y estudié a la vez. Trabajaba de 12 de la noche a 6 de la mañana en Ciudad Juárez, en una maquiladora, como técnico de prueba, ganando 700 pesos a la semana. A las 7 de la mañana, entraba al tecnológico. La razón principal por la que tuve que hacer eso fue porque no teníamos dinero. Aunque mis padres siempre nos dieron amor y una buena vida, llegó un momento en que la situación se volvió muy difícil. Agradezco enormemente esas experiencias porque sé que formaron mi carácter y el de mis hermanos.

Cuando recién llegué a Ciudad Juárez, veía a las personas dormidas en los autobuses, en la ruta rumbo a sus trabajos. Me burlaba y pensaba: "Mira, la gente se duerme, ¿qué le pasa?". Poco tiempo después, yo era uno de ellos.

Honestamente, esa etapa de mi vida fue muy difícil. Recuerdo que lloraba de desesperación y quería regresar. No quería estar solo; si bien estaba con mi hermano, mis padres estaban en Sinaloa, y esa distancia pesaba. Lloraba porque no quería estar ahí. Recuerdo el frío, la poca ropa que teníamos... La verdad es que 700 pesos a la semana no alcanzaban para nada. Aun así, conocí a grandes personas de gran corazón y tuve muchísimo aprendizaje en esa época. En gran escasez, pero, aun así, de gran enseñanza. Y eso fue en 1998. ¡Imagínate!

Pero hoy puedo decir que, si mi carácter es tan resiliente, es gracias a esas experiencias. Cuando terminé mi carrera, busqué un puesto como ingeniero, pero no lo conseguí. Las empresas en las que trabajaba no querían pagarme un sueldo de esa categoría, aunque el trabajo sí estaba disponible. Así que tomé la decisión de irme a Tijuana, donde estaba mi hermano mayor. Me despedí de mis amigos, dejé todo y eché mis pocas pertenencias —ropa, zapatos y lo demás— en un carrito que, para mí, lo era todo: mi única posesión, mi único patrimonio.

Llegué a Tijuana después de horas de manejo, lleno de ilusión, pero la verdad es que no fue fácil. Tras varios meses batallando económicamente, decidí buscar trabajo en los avisos clasificados del periódico. Antes de eso, había estado en la ciudad con la posibilidad de vender unos equipos para un americano, y recuerdo que fue mi primera entrevista en inglés. Siempre estudié ese idioma porque sabía que me abriría puertas, pero, en esa oportunidad comercial, simplemente, no pude vender.

A raíz de ese fracaso, planté en mi mente, sin darme cuenta, la creencia de que no era bueno para vender y viví con esa idea por muchos años. Después de meses sin poder generar dinero, finalmente, busqué en el periódico y encontré la oportunidad de un puesto de ingeniero de diseño en una empresa transnacional en Tecate. Fui a la entrevista pensando: "Voy a arriesgarme", aunque pedían muchas cosas.

Gracias a Dios, después de una entrevista con ejecutivos americanos provenientes del corporativo en Milwaukee, me seleccionaron. Yo venía de Ciudad Juárez, ganando apenas unos pesos a la semana, así que, cuando me contrataron en esta empresa como ingeniero de diseño y me ofrecieron 900 pesos diarios, me sentí el más millonario del mundo.

Al mes de estar trabajando ahí, me mandaron por seis meses a la ciudad de Milwaukee, en el estado de Wisconsin, donde me rentaban un departamento, me daban un auto y, además, seguían pagándome el sueldo. Fue en ese momento cuando me di cuenta de que existían estándares de vida mucho mejores y de que era posible vivir una vida muy diferente de la que había llevado hasta entonces. Créeme, antes vivía en pocilgas, en lugares extremadamente limitados.

Esa oportunidad de estar en Estados Unidos por seis meses hizo que mi autoimagen creciera, mis aspiraciones subieran, y tomé la decisión de que viviría el resto de mi vida en ese país. Al regresar de esa asignación, solicité un puesto de gerente de ingeniería en la misma empresa en Tecate. Gracias a Dios, me contrataron, y empecé a formar un equipo de ingenieros de diseño. A mis 25 años, ya tenía 30 ingenieros bajo mi cargo.

Estaba en la cúspide de mi carrera, siendo uno de los gerentes mejor pagados en esa maquiladora. Sin embargo, la idea de vivir en Estados Unidos seguía en mi mente, así que me postulé para un puesto en la misma empresa, pero en el lado estadounidense. Gracias a Dios, lo obtuve, y la empresa me ayudó a emigrar a Estados Unidos en 2007.

Para entonces, ya estaba casado. Estuve en un matrimonio siete años con una persona que, honestamente, fue una gran maestra para mí, aunque desde un punto de vista negativo. Durante ese período, ella no quiso tener hijos, pero nunca me lo dijo. Con el tiempo, empecé a sentir el deseo de ser padre, un deseo natural para cualquiera. Sin embargo, en ese momento, no tenía el nivel de crecimiento personal que tengo hoy, más allá de que sé que aún me falta mucho. Tenía malos hábitos y vicios. Y si bien nunca me involucré en drogas, gracias a Dios, el alcohol fue suficiente para generar muy malos hábitos y peores resultados.

Comencé a tener problemas de salud y, en medio de todo esto, me involucré en la idea de tocar el acordeón en un grupo norteño. Estábamos de fiesta en fiesta, sin freno.

Hoy comprendo que lo que realmente estaba haciendo en esa etapa de mi vida era intentar llenar un vacío que no podía ignorar. Por fuera, parecía que todo estaba en orden, pero en el fondo, sentía que algo faltaba, que mi vida no tenía el propósito que anhelaba. Después de siete años en esa relación, viviendo en Estados Unidos, algo sucedió que marcó un punto de no retorno. Fue un momento cargado de emociones encontradas, lleno de preguntas sin respuesta y decisiones difíciles.

Hubo un evento en particular con mi exesposa (algo de lo que te daré más detalles más adelante en este libro), que transformó por completo mi perspectiva. Fue una situación que me llevó a enfrentar una verdad que no quería admitir, algo que me sacudió hasta el alma. Lo único que puedo decirte por el momento es que fue una experiencia que desató una tormenta en mi vida. Intenté mantener la compostura, pero, al final, esa situación me empujó al límite, llevándome a un punto en el que ya no podía seguir adelante de la misma manera.

Lo que vino después fue una etapa de mi vida donde me encontré atrapado en una espiral de oscuridad. Me refugié en el alcohol, buscando alivio en lugares equivocados y rodeado de personas que, aunque presentes, no podían llenar ese vacío. Por fuera, todo parecía bajo control, pero por dentro, estaba roto.

Más adelante, te contaré los detalles de esos días cuando todo colapsó y cómo esa experiencia me obligó a tomar decisiones que cambiarían el curso de mi vida. Pero por ahora, quiero que sepas que, aunque fue un camino difícil, fue también el inicio de un despertar, de un cambio que, aunque doloroso, era absolutamente necesario.

Con cada paso que daba, parecía que el universo conspiraba para empujarme al límite, pero justo cuando creía que ya no podía más, algo comenzó a revelarse en mí. Fue un destello de esperanza, un recordatorio para ti y para mí, de que **incluso en la oscuridad más profunda, hay un propósito esperando ser descubierto.** Y fue ahí donde todo cambió…

CAPÍTULO 2
MI VIAJE HACIA EL DESARROLLO PERSONAL

Esa oscuridad me llevó a pensamientos de suicidio, a momentos en los que no entendía por qué, después de haber seguido el plan de estudiar, tener un buen trabajo, casarme y ser feliz, me estaba sucediendo todo esto. Mis padres han estado felizmente casados por 50 años, y yo nunca imaginé enfrentarme al divorcio, mucho menos, vivir una experiencia tan devastadora.

Recuerdo que mi padre me llamaba y me decía: "Vamos al juego de los Padres de San Diego" o "Vamos a algún lugar". Él sabía —o al menos se imaginaba— lo que estaba pasando. Creo que, en el fondo, percibía mis pensamientos de suicidio; tal vez lo supo siempre, aunque nunca me lo dijo. Estuve meses quebrado emocionalmente. Te puedo decir que conozco la oscuridad, la conozco muy bien.

Sin embargo, fue en esa oscuridad donde conecté con Dios. Ahí entendí que había venido a este mundo con un propósito mucho más elevado, incluso más grande que mis propias metas o mi vida misma. A pesar de eso, comencé a fingir, como muchas personas, pretendiendo que todo estaba bien. En el momento más oscuro de mi existencia, encontré al amor de mi vida, Violeta Álvarez.

Violeta me rescató de las cenizas. Recuerdo que llegaba con ella y, sin razón aparente, lloraba. A veces llegaba tomado y me quebraba en su presencia. Ella me preguntaba qué me pasaba, y yo solo podía decirle: "No estoy bien". Cargaba con un dolor enorme, sentía que le había fallado a ese niño que no llegó a nacer, que no había hecho nada para salvarlo.

A través de la enorme sabiduría y el amor de Dios, Violeta, mi ahora esposa, quedó embarazada poco tiempo después. Aunque pasamos por una etapa difícil, con personas criticando y juzgando —como suele suceder, incluso en la familia, donde creen que tienen el derecho de juzgar—, encontramos la fortaleza para seguir adelante.

Aun así, Violeta y yo decidimos protegernos y vivir nuestra vida juntos, solo ella y yo. Durante ese tiempo, no podía traer a Violeta a Estados Unidos. No podía porque estaba en proceso de divorcio. Mi exesposa me había demandado en la corte de San Diego, en Estados Unidos y duramos un año peleando en la corte porque ella quería el 50% de mis ganancias, tal como lo establece la ley estadounidense. Sin embargo, también tenía derecho al 50% de mis deudas... pero esas no las quería.

Todo ese tiempo me preguntaba por qué le negaban la visa a Violeta, por qué no podía tenerla conmigo. Cada fin de semana iba de San Diego a Mexicali y me cuestionaba por qué sucedían esas cosas.

Al mes de que nació Leo, recibí la sentencia de divorcio a mi favor. Un mes más tarde, la abogada de la empresa que me había emigrado a Estados Unidos me llama y me dice: "Tu tiempo de residencia ha llegado". Le respondí que eso era genial, pero que estaba en proceso de divorcio, tenía otra pareja y un nuevo bebé en camino. Fue un caos, pero todo eso me enseñó muchísimo y me hizo más fuerte.

Leo llegó con la "torta bajo el brazo" para reparar todo. En poco tiempo, Violeta, el niño y yo nos convertimos en residentes. En ese momento, nuestra vida empezó a mejorar notablemente, y comenzaron a suceder cosas muy buenas.

Vivíamos tan bien y tan a gusto que, en un punto, nos aburrimos y decidimos poner un comercio en Tijuana. Lo intentamos, pero fracasamos y perdimos más de $50,000 dólares. Luego, abrimos un negocio de productos nutricionales, y ese fue un aprendizaje increíble. Fue en ese momento cuando descubrí el desarrollo personal.

El desarrollo personal ha sido, para mí, esa luz en el túnel; ha sido el autoconocimiento, la verdad. Como dice la Biblia: "La verdad nos hará libres". Es la verdad de quiénes somos. En el 2017, después de regresar a Tijuana por el negocio que habíamos puesto, construimos una casa en Rosarito, México, al lado de Tijuana. Pero ese año, yo estaba batallando económicamente.

Recuerdo que mi esposa me encontró llorando en una habitación porque no tenía dinero y estaba frustrado. Me preguntó: "¿Qué tienes? ¿Por qué lloras?". Le dije: "Es que ya estoy harto. Trabajo, trabajo y trabajo, hago todo lo que puedo, y Dios sabe que lo estoy haciendo bien. Sé que no es por falta de esfuerzo".

Hoy entiendo que lo que necesitaba era **un GRAN mentor**. Días después, alguien me mandó un enlace, le di clic y me llevó a un grupo privado donde Bob Proctor, mi mentor, dictaba un seminario de cinco jornadas, con clases de una hora por día. Empecé a resonar muchísimo con esa información y pensé: "Esta es la respuesta que he estado implorando".

Al quinto día de ese seminario, me preguntaron: "¿Quieres un curso de *coaching* o algo más?". Yo estaba tan harto de mi vida que le respondí al consultor de Bob Proctor: "Quiero hacer lo que tú haces, porque estoy harto de mi vida". Me dijo: "Ok, son **$32,000 dólares**". No tenía dinero, pero en ese momento entendí lo que significa tomar decisiones.

Decidí que lo haría y salí a pedir prestado. ¿Sabes cuántas personas me rechazaron? ¿Cuántas se burlaron de mí por querer invertir lo que en ese entonces eran $640,000 pesos? Incluso mi mentor de aquel momento se burló de mí y me dijo: "¿Tú quién eres para ser *coach*?". La gente se reía, diciendo que no era *coach*, y aunque esas palabras me dolieron, decidí que no importaba y que me convertiría en lo que quería ser.

Seguí buscando quien me prestase el dinero hasta que, finalmente, me tragué el ego y fui a la persona a la que menos quería recurrir. Le pedí el dinero, y me lo prestó. Invertí esa cantidad y, a partir de entonces, entendí lo que es vivir por fe.

A raíz de esa decisión, estaba endeudado y, aunque no lo creas, ahí comenzó algo que hoy entiendo como una ley universal: la ley de la polaridad, donde todo tiene un opuesto. Cuando decidí tomar ese camino, hubo mucha resistencia, tanto interna en mi mente como externa, en las personas y en los eventos a mi alrededor.

Cinco días después de haber empezado como consultor, tuve un accidente jugando con mi hijo. Usábamos una banda de resistencia, de esas que tienen una bola de plástico duro en cada extremo. De repente, la banda se soltó, y una de esas bolas me golpeó en el ojo. Todo se oscureció, empecé a sangrar y caí al suelo. Terminé en el hospital y, por un mes y medio, estuve postrado en cama.

Ahí estaba, con una deuda de **$32,000 dólares,** dos hijos —hacía cuatro años había nacido mi niña—, mi esposa y yo tirado en cama. Nadie iba a rescatarme.

Durante ese tiempo, me sumergí en la información de Bob Proctor, estudiando de 12 a 14 horas al día. Llegué a la conclusión de que necesitaba crear mi autoimagen: una descripción de mí mismo, de la persona que quería ser, pero escrita en tiempo presente.

En medio de tanto caos y con una claridad nueva sobre lo que realmente quería, descubrí la clave que empezó a transformar mi vida. Pero no fue solo una revelación; fue el punto de partida. Ahora tocaba poner en marcha todo lo que había aprendido y comenzar a vivirlo al 100%...

CAPÍTULO 3
CREANDO UNA NUEVA REALIDAD

Comencé a escribir sobre la persona en la que me quería convertir, diciendo: "Hoy soy esa persona". A partir de seguir los procesos, las guías y ser ENSEÑABLE al 100% a todo lo que mi mentor, Bob Proctor (quien en paz descanse, y cuyo espíritu creo que sigue presente), me enseñaba, comencé a transformar mi vida. A los tres meses, logré ganar $77,000 dólares en dos semanas. Empezaron a llegar bendiciones, y comencé a ayudar a otras personas. Formé grupos de *coaching* —hoy tengo 27 grupos— con cientos de personas y millones de dólares generados.

Pero todo esto lo logré a través de la fe. Algo que olvidé mencionar es que, cuando decidí pedir el dinero prestado y me lo dieron, también decidimos vender la casa que habíamos construido con nuestros ahorros en Rosarito, México.

Recuerdo que me repetía en una autosugestión: "Soy muy feliz y estoy agradecido, ahora que estoy ganando $35,000 dólares al mes". Pero, mi mente se reía de mí y me saboteaba. La intuición me decía: "Vete a Estados Unidos". No tenía el dinero, pero un día, estaba en mi oficina en el tercer piso, bajé y le dije a mi esposa: "Violeta: Vámonos a Estados Unidos". Ella sabía que no teníamos dinero, pero me respondió: "Te estabas tardando". Por ese apoyo y muchísimo más, ¡la adoro!

Quiero reconocer nuevamente a esa mujer, quien ha sido, es y estoy seguro que será mi sostén. Gracias a ella estoy donde estoy. Gracias a su fe. Cuando me dijo: "Te estabas tardando. ¡Vámonos!", busqué el teléfono, recorrí toda la casa fotografiando los muebles, y empecé a enviar mensajes. Sabía que tenía que "quemar las barcas", tomar la decisión y evitar que mi mente me saboteara. Mandé mensajes a todos mis amigos: "Aquí están estos muebles, nos vamos a

Estados Unidos. ¿Quién los quiere?". Cuatro días después, no quedaba nada en la casa.

El dinero que recibimos por los muebles fue exactamente lo que nos cobraron para arreglar la casa y venderla.

Nos mudamos a casa de mis padres, que vivían cerca. Todas las mañanas me levantaba, tomaba una silla y el espejo que había traído de la otra casa y repetía: "Soy muy feliz, estoy agradecido ahora que estoy ganando $35,000 dólares al mes. Gracias, ya está hecho". Mi mente se burlaba de mí, diciendo: "¿Qué no estás viendo?". Pero aprendí a vivir desde la fe y no desde la vista.

Estudié a fondo, a pesar del accidente en el ojo, para convertirme en la persona que había escrito en mi autoimagen. A raíz de esa resiliencia, esa determinación y todas las experiencias que viví, llegué a ser la persona que soy hoy. Pero nada de esto lo habría logrado sin Dios, sin mi esposa, sin mis hijos, sin mis padres, sin Bob Proctor y sin todas las personas y estudiantes que han confiado en mí.

Cada paso que di hacia mi nueva vida fue un salto de fe, una apuesta por el cambio verdadero. Pero en el camino hacia la transformación, enfrenté viejas sombras que no podía ignorar. Era el momento de confrontarlas y decidir quién quería ser realmente...

CAPÍTULO 4
CUANDO LA FIESTA NO TERMINA

Después de haber trabajado algunos años como ingeniero en California, todo mi esfuerzo había estado concentrado exclusivamente en tener un buen trabajo, ganar un buen dinero y disfrutar de mi matrimonio con quien era mi esposa en ese momento. Sin embargo, había malos hábitos que yo tenía y venía arrastrando desde mi pubertad, específicamente hablando: el alcoholismo.

Nunca estuve involucrado en drogas, gracias a Dios, pero el alcoholismo era parte de mi vida, de mi día a día y de mi mente. Para mí, era algo totalmente justificado. Si había fiesta, tenía que haber alcohol y, si no había fiesta, yo la creaba, pero, obviamente, con alcohol.

Era un estilo de vida en el cual la bebida era algo obligatorio. Así como se ocupan sillas y globos para una fiesta, tenía que haber alcohol. Y, de esa manera, todas las decisiones que tomaba estaban basadas en el alcohol.

Por ejemplo, me preguntaba continuamente: "¿A qué hora voy a salir de aquí, de este trabajo, para ir y empezar a tomar?". Si había una fiesta en un lugar, mi preocupación era si habría la oportunidad de beber. Si planeaba ir a algún lugar, pensaba: "¿Podré hacerlo de alguna manera para que pueda tomar?". Entonces, todas las decisiones estaban basadas en el centro de mi problema, que era el vicio: beber alcohol.

Esto era también por la falta de crecimiento personal. Yo nunca había desarrollado un nivel de autoconocimiento. Y en aquel momento, para mí, la fiesta lo era todo.

Incluso, a la pareja que yo tenía, mi antigua esposa, simple y sencillamente no le importaba si yo llegaba o no a casa en uno o dos días. Para mí, en el nivel de conciencia súper bajo que tenía, eso era muy conveniente porque yo podía pasármela donde quisiera. Y, el hecho de que ella no me dijera nada era muy cómodo porque así yo tenía libertad de hacer todo lo que quisiese.

Por otro lado, en cuanto a mis orígenes, mi papá fue agricultor y siempre desde niño estuve involucrado en la agricultura. En ese ambiente de trabajo agrícola, tan duro y tan ligado a la naturaleza y las tradiciones, se escucha mucho la música popular, en mi caso, la música norteña. A mí, siempre me atrajo mucho el sonido del acordeón.

En una oportunidad, ya después de estar graduado, de haber emigrado a Estados Unidos, de tener mi empleo como ingeniero y estar casado, un día veo a mi hermano en un video de YouTube que había hecho con un grupo musical con unos amigos. Y entonces tuve la idea de ir a Tijuana —porque yo estaba en Anaheim, California— para involucrarme en esa banda, en el proyecto artístico musical junto con mi hermano. El grupo se llamaba "Los Maquileros del Norte". Estaba formado únicamente por ingenieros de las maquiladoras y comenzamos a tocar en las fiestas de los empleados, así como en diversos lugares de Tijuana y sus alrededores.

Adquirí un acordeón y empecé a obsesionarme con aprender a tocar ese instrumento. Entonces, para mí, era el vehículo correcto, perfecto y adecuado para tener fiesta todo el fin de semana. Le dedicaba de 3 a 4 horas al día para aprender y practicar mi destreza en el acordeón. Esto, a pesar de que yo tenía un trabajo como ingeniero en un cargo ejecutivo. Un puesto que era muy bien pagado, con un entorno de altos ejecutivos, en una empresa reconocida a nivel mundial.

Yo ya había emigrado a Estados Unidos y —recuerdo hoy— cada vez que les comentaba que iba a México todos los fines de semana a tocar y me la llevaba de fiesta, a ellos les parecía muy extraño que tuviera esa doble vida. De hecho, casi pierdo mi empleo porque mi desempeño bajó drásticamente debido a tantas fiestas y borracheras.

No obstante, yo no lo veía. Viajaba todos los fines de semana y eran borracheras desde el jueves hasta el lunes. Recuerdo cómo me levantaba con mucha resaca y disgusto y, en esos momentos de reflexión, me decía: "No quiero vivir esta vida". A veces me tomaba hasta dos días recuperarme, y con frecuencia había cosas que no recordaba debido a lagunas mentales. Además, había experiencias y acciones durante las borracheras de las que no era consciente hasta mucho después, si acaso llegaba a enterarme.

Sin embargo, seguía atrapado en ese estado, en ese lugar donde el tiempo pasa, pero la felicidad nunca llega y la plenitud parece un sueño distante. Es como si una parte de ti, la voz de tu conciencia, gritara con fuerza: "¡Sal de ahí!"; pero no sabes por dónde empezar, no tienes ni idea de cómo encontrar la salida; quieres, porque todo el entorno, todo lo que conoces, está rodeado de lo mismo. Y, como no tenía el entendimiento que hoy en día he alcanzado, pues, simple y sencillamente, **seguía en ese círculo**.

Siempre quise tener una familia, pero la persona con la que estuve casado no deseaba tener hijos y no fue honesta conmigo ya que nunca me lo dijo. Por eso, siempre buscaba la forma de no quedar embarazada. Y así pasaron los años, aproximadamente siete. Fue entonces cuando empezamos a tener conversaciones de por qué no teníamos niños.

Ella constantemente me decía que la esperara, que quería terminar su carrera o que quería hacer esto o lo otro. Pero pasaba el tiempo y ni hacía aquello ni teníamos hijos. Mientras, yo seguía en ese mundo donde si no llegaba a casa no había problema, continuaba bebiendo sin freno y gastando todo mi dinero.

En aquel entonces, sentía que ganaba muchísimo dinero, ya que me pagaban $10,000 dólares al mes. No tenía grandes responsabilidades ni hijos, y mi entendimiento se nublaba con todos los vicios. Simple y sencillamente, me gastaba todo el dinero en instrumentos, bocinas, alcohol e invitaba a emborracharse a todo el mundo.

Todo era cuestión de tener la fiesta andando todos los fines de semana. Entonces, después de siete años de estar casado, mi esposa quedó embarazada. Decidió irse a Mexicali, su tierra de origen, donde estaban sus padres. Se fue unas dos semanas y cuando regresó me comunicó que tenía un mes de embarazo.

Con cada resaca y cada decisión tomada bajo la sombra del alcohol, comenzaba a asomar una pregunta inquietante: ¿cómo llegué aquí? Esa voz interna, cada vez más persistente, me enfrentaba a una verdad que estaba a punto de cambiarlo todo.

CAPÍTULO 5
CUANDO TODO COLAPSA

Mi exesposa, tras un viaje de un par de semanas a su pueblo, en las afueras de Mexicali, donde fue a visitar a sus padres, regresó con la noticia de que estaba embarazada de un mes. Sin embargo, me dijo con firmeza que no quería tener al bebé. Por supuesto, no lo dijo así con esas palabras, pero retornó argumentando: "Fui con una ginecóloga y me dijo que no está bien, que algo está mal, que tengo que abortar, que aproveche que estoy en Estados Unidos porque aquí eso sí es legal". Entonces empecé a tener sentimientos encontrados, porque, por un lado me alegraba, pero por otro le creía a ella.

Hoy entiendo que realmente ella no quería tener al bebé. Era inconcebible para mí que alguien quisiera deshacerse de su hijo, porque, realmente yo creí que algo andaba mal con la gestación. La llevé a ginecólogos, tanto en San Diego como en Tijuana, y llegué a escuchar los latidos del corazón del bebé. Iba a ser mi primogénito.

Los ginecólogos me decían que no pasaba nada, pero ella insistía en que tenía dolor. De hecho, decía sentirse mal por tres horas al día, cuando solamente tenía tres meses. Hablaba de contracciones, cuando, en realidad, ni siquiera se sienten en esa etapa del embarazo. Y yo no hallaba qué hacer, porque, cuando empecé a sospechar que ella no quería a nuestro bebé, no tenía con quién comunicarme. Creo que, en ocasiones, esto puede suceder, pues, por la vergüenza de hablar con algún familiar o amigo, resulta sumamente difícil decir algo como: "Mi esposa está embarazada, pero no quiere tener al bebé". Realmente, yo no sabía qué hacer.

Los doctores especialistas decían que todo estaba bien, pero ella lloraba todos los días y me decía: "Algo está mal y me duele". Fue algo muy frustrante para mí. A la vez, la situación me asustaba muchísimo y no sabía cómo proceder.

Llegó entonces un punto en el que ella insistió tanto que, finalmente, tomó la decisión por sí misma de abortar y lo hizo. Ese día la acompañé a su cita (aquí, en el estado de California, el aborto es legal), totalmente confundido, sin suficiente información, sin saber lo que realmente estábamos haciendo. Cuando la vi salir, la noté sumamente contenta de haber abortado. Yo no podía entender su reacción, pues estaba devastado.

Gracias a Dios ya he sanado de esa herida, pero ese momento fue un shock enorme para mí. Comprendí entonces que la vida que estaba viviendo, la pareja que tenía, el estilo de vida que llevaba, los hábitos y, en general, todo lo que estaba viviendo, era absolutamente lo contrario de lo que yo en algún momento había querido construir.

Había llegado hasta ese punto de mi vida sin darme cuenta. Quiero aclarar, también, que cuando conocí a esta persona, me involucré con ella y establecí una relación porque tenía un enorme vacío y me sentía solo. Yo no sabía enfrentar la soledad y, para evitarlo, cuando se me presentó la oportunidad de estar con ella, me dejé llevar por la circunstancia sin mucha reflexión ni conciencia.

No vi las señales. Había muchos indicios que Dios, el universo y ella misma me daban para hacerme ver que no estaba en el rumbo correcto, que la relación no era buena, pero yo no los veía. Las señales estaban desde el principio de la relación. Siete años después, yo llevaba una vida aparentemente feliz, porque hacía lo que me daba la gana y nadie me decía nada. Como toda mi vida fui muy rebelde, este era para mí el matrimonio perfecto, sin embargo, hoy entiendo que no era tal.

El día de la interrupción del embarazo, cuando ella salió sin el bebé y la descubrí súper contenta, en ese momento, se me cayó todo el mundo. Empecé a experimentar mucha ansiedad, a sentirme muy culpable, a cuestionarme qué me había pasado, en qué momento había llegado a ese punto.

Entonces, pasaron los días y decidí llevarla a terapia. Fuimos con un psicólogo y sentí que el profesional me hablaba y me decía: "Vete de esta relación". Había algo en esa terapia que me hacía comprender un mensaje muy claro sobre nuestra relación: "Aquí no hay nada, vete, vete". Aun así, yo no sabía cómo interpretarlo. Sentía que el terapeuta me quería transmitir algo. Hoy, obviamente, entiendo que era mi conciencia, pero digamos que él fue el mensajero.

Por esos días fuimos a un evento con una pareja amiga en el estado de Utah. Allí observé que mi amigo y su esposa iban abrazados, mostrando mucho cariño y, en cambio, nosotros no teníamos nada de afecto. Mi matrimonio era una relación muy fría. No había afecto ni roce ni caricias. No había nada de eso. Y, entonces, el contraste que yo había podido notar en el evento significó para mí un golpe tremendo. En ese momento me detuve a pensar: ¿dónde quedó esa necesidad de sentirte amado, de tener esas caricias con la persona que está a tu lado? Y empecé a aborrecerla de una manera muy profunda. Empecé a sentir aborrecimiento y el impulso de querer salir corriendo. Quería irme inmediatamente de allí.

A los dos o tres días regresamos desde Utah. Veníamos manejando, recuerdo, y cada palabra que salía de su boca era algo que yo detestaba. Quería de verdad salir corriendo de ahí. Sentía que ya no aguantaba más, ya no quería escuchar para nada su voz. Era un desprecio enorme. Cuando llegamos a San Diego le dije:, "Basta, se acabó, no quiero más, no quiero vivir esta vida contigo, estoy harto". Terminamos ahí.

En aquel entonces, yo tenía una visa de trabajo, porque había emigrado de México a Estados Unidos. Entonces ella se fue de la casa, que estábamos pagando, de regreso a Tijuana, con una amiga. Cuando me quedé solo, se me cayó todo el mundo, empecé a llorar, a decir en qué momento llegué a este punto y comencé a caer en un pozo, en un *rock bottom*, como se dice en EEUU.

Sentía mucha vergüenza de mí mismo, mucha ira. Caí en una horrible depresión, empecé a tener pensamientos muy tóxicos, drásticos, muy malos. Y llegué a pensar que no merecía ser papá nunca, que Dios me iba a castigar, porque yo había permitido que sucediera lo que había pasado.

El solo pensar en eso me hacía sentir horrible, porque yo me decía. "Si yo no soy una persona mala, ¿por qué caí en esto?, ¿por qué permití que esta persona abortara?". Pensaba en esos latidos del corazón y me cuestionaba: "¿Dónde está ese niño, esa alma? ¿Qué pasó? ¿Dónde está? ¿Por qué?". Desde entonces, para mí, mi vida no tenía sentido, creía que no merecía vivir y surgieron en mí pensamientos de suicidio.

Recuerdo que mi padre, sumamente inteligente y con

enorme amor, viajaba desde Rosarito para invitarme a ver a los Padres de San Diego. Él sabía, en lo profundo de su corazón, que yo estaba atravesando un momento crítico, que mi vida no iba bien.

En esa época, conocí a mi actual esposa, el amor de mi vida, Violeta Álvarez, y surgió un poco la esperanza. Al conocerla, inmediatamente me sentí atraído por ella, sin embargo, eso era cuando yo andaba en las tocadas y de repente coincidíamos en algún punto pero yo seguía tocando en el grupo musical que hicimos con mi hermano.

Andábamos por todo Tijuana, Mexicali, La Redonda, y cuando empecé a conocer a Violeta, decidimos ir juntos, aunque yo seguía oficialmente casado. Recuerdo que Violeta, mi actual esposa, venía también de una relación de muchos años, también muy dolida, y los dos nos encontramos en un punto, digamos, muy bajo en nuestro estado de ánimo, en nuestra vida.

Cuando me encontraba con ella, yo venía tomado y llegaba llorando, arrastrando todas esas cosas que no había sanado, que no había reparado. Eso era durante los fines de semana, y cuando regresaba de Mexicali a San Diego, pues pasaba otra vez esos días donde seguía teniendo pensamientos suicidas, sentía que no merecía una vida buena, porque había sido una mala persona, un ogro, alguien que había hecho algo horrible: matar a ese bebé.

En tanto, con el alcohol intentaba mitigar o adormecer el dolor. Obviamente, cuando estaba con los amigos, con los integrantes del grupo, pues todo era risa, porque el ser humano vive tras máscaras, y me ponía yo la careta de que todo estaba bien, pero en el fondo estaba dolido, lastimado y cuando ya estaba muy tomado, lloraba y no sabía qué hacer. A veces me iba y me escondía, prefería quedarme en un motel o en un hotel para que no vieran mi dolor.

Había caído en un mundo bajo donde, básicamente, me la pasaba en bares, bebiendo y haciendo lo que me daba la gana. Sin embargo, recuerdo estar en un antro de mala muerte, a las 3 o 4 de la mañana, con la música retumbando y el ambiente cargado, cuando, de repente, me invadió una reflexión profunda: "¿Qué clase de vida es esta?". Me dije a mí mismo: "Eres más grande que esto. Tienes un empleo como ingeniero que muchos soñarían, pero los fines de semana llevas una doble vida, una vida que no encaja, una vida en la oscuridad. Estás desperdiciando todo tu potencial". Fue en esos momentos cuando comenzaron a colarse pequeños rayos de luz, destellos de sabiduría que despertaban en mí el deseo de buscar algo mejor, de cambiar el rumbo y construir una vida que valiera la pena.

Pero, en ese momento, mi ex esposa comenzó a mandarme mensajes en los que me decía: "Se me hace que estoy embarazada". Yo no podía creerlo. Quedamos en vernos en la casa donde ella ya no estaba viviendo, pero una vez allí me dijo que no era cierto. Eran puras mentiras, porque quería volver a estar conmigo o no sabía bien qué hacer. Gracias a Dios, pude mantenerme firme en no regresar con ella.

Pasó más o menos un mes y el 26 de noviembre, que es mi cumpleaños, del 2012, tocaron a la puerta de mi casa como a las 7 de la mañana. Era muy raro, porque la casa en Estados Unidos tenía rejas (y si hay cerca, nadie se mete). Que alguien tocara la puerta de mi hogar significaba que se habían metido y era muy extraño. Escucho golpear muy fuerte y me acuerdo de que estaba dormido, también de que en aquel entonces tomaba clonazepam para conciliar el sueño, por lo que siempre me levantaba atontado —yo estaba básicamente drogándome, o sea, el clonazepam es un fármaco. De hecho, es un medicamento sumamente controlado pero yo lo conseguía—.

Entonces, escucho nuevamente que tocan superfuerte y, asustado, abro la puerta. El que llamaba era un policía que me pregunta: "¿Tú eres Guillermo Serrano?". "Sí, soy Guillermo Serrano", le contesto. Me indica que firme una nota. Y aunque no entiendo qué es, lo hago y entonces veo que se trata de una demanda de divorcio. Básicamente, mi ex mujer estaba demandando el 50% de mis ingresos.

Obviamente, no quería el 50% de mis deudas, solo la mitad de mis ingresos por el resto de su vida. Así entramos en un proceso que duró todo un año de demanda, que fue extremadamente agobiante, estresante y cansador, además de muy difícil.

Cuando yo vi la demanda, honestamente, no la entendía muy bien. Nunca en mi vida había lidiado con algo similar y el tipo de palabras que contiene no son muy comunes para cualquiera, pero, a través de seguir leyendo e investigar en internet qué significaba todo eso, entendí y descubrí que ella estaba reclamando la mitad de mi salario y de mis ingresos por el resto de mi vida.

Entonces, honestamente, sentí mucho coraje, mucha frustración. Me sentí ofendido. Me preguntaba por qué yo debía darle la mitad de mis esfuerzos, del salario y de los ingresos que provenían de mi trabajo. Entendía que lo había hecho por varios años pero no por qué debía hacerlo el resto de mi vida. Y a mi mente venía un pensamiento lleno de dolor: "Cuando tú fuiste una desgraciada que mataste a mi hijo, por qué habría yo de compensarte el resto de mi vida". Tenía mucho coraje, sentía mucha rabia, mucha frustración y, obviamente, la maldecía ¿no?

Entonces, en ese momento comprendí que tenía que recurrir a ayuda legal, a una buena firma de abogados, porque sabía que podía perder y, si perdía, pues, básicamente, iba a condenar mi vida. No conocía las leyes civiles —algo que aún todavía no entiendo muy bien— y me habían comentado que podría suceder que perdiera. Imaginarme que tenía que entregar el 50% de mis ingresos el resto de mi vida era inconcebible. Supe que ella le había pedido prestados casi $400 dólares a una amiga para hacer la demanda.

Como todos los fines de semana, me fui a Mexicali, y allí, tocando, tomando y estando con mi actual esposa, Violeta, llegó la Navidad. Yo tenía hasta el 26 de diciembre para contestar en la corte de San Diego la contrademanda. Si no lo hacía, el juez podía dictaminar lo que quisiera en mi contra, lo que en inglés se dice *forfeit*. Es decir, perdía todos mis derechos.

En ese entonces, tenía mi visa de trabajo y mi Sentri, ese pase que te permite cruzar rápido la frontera entre México y Estados Unidos. Era finales de diciembre, un veintitantos, y crucé de Mexicali a Caléxico con la intención de comprar juguetes para mis sobrinos. Todo parecía normal, pero, sin darme cuenta, al bajar del auto en el estacionamiento, mi pasaporte, junto con la visa pegada y la Sentri, se me cayeron. No lo supe en ese momento, pero esa distracción iba a complicarme las cosas de una manera que no imaginaba.

En aquel tiempo, yo vivía como adormecido, como no consciente, no pensaba claramente. Todo el tiempo tenía la cabeza en la demanda, en lo que iba a pasar y no estaba atento al presente. Compro juguetes, regreso y cuando voy entrando a Mexicali, caigo en cuenta de que no traía mis documentos conmigo, los había perdido.

Yo estaba a tres o cuatro días de la fecha límite para ir y responder la demanda. Nunca había contestado, no sabía ni siquiera cómo hacerlo ni cómo llevar adelante ese proceso, pero ahora ya no podía cruzar la frontera porque no tenía la visa.

No solo eso, como si fuera poco, yo tenía un vehículo de la compañía donde era ingeniero y lo cruzaba de Estados Unidos a México y viceversa. Resulta que, a los pocos días del hecho anterior, le rompen un vidrio y me roban la computadora del trabajo y un bajo sexto. Entonces, debí dar explicaciones a mi jefe. Eso estaba afectando mi desempeño en el trabajo, pero no me daba cuenta. Para mí, todo estaba bien. Era el cargo que toda mi vida había soñado, me había esforzado por más de 20 años de estudio y trabajo para llegar a lograr eso. Era un trabajo que me había hecho emigrar a Estados Unidos.

Tenía flexibilidad, trabajaba desde mi casa. Si yo quería, agarraba la computadora, la prendía y la traía conmigo. En aquel entonces no se veía mucho, pero era como una conexión de USB.

Tenía internet y todo lo que necesitaba para hacerlo, pero me robaron todo eso y me encontré en la situación de tener que hablarle a mi jefe, declarar, hablar a la compañía, decir que estaba en México —y se crearía un caos, porque aparte no tenía la visa para cruzar de regreso— y lo peor era que ya estaba por vencerse la fecha de la contrademanda.

Lo que hice fue hablar con mi papá y pedirle que fuera a la casa en San Diego, allí había una carta del departamento de Homeland Security que afirmaba que yo tenía una visa de trabajo. Él me la trajo. Eso fue en Tijuana, pero, luego, en la frontera, me tuvieron siete horas esperando ahí hasta que, finalmente, pagué $800 dólares y me dejaron pasar por una sola y única ocasión.

Yo ya no tenía permitido regresar a México, por lo cual no podría volver a ver a Violeta y empezó a cerrarse mi mundo.

Fui Inmediatamente al consulado mexicano en San Diego, saqué mi pasaporte y comencé a mover las cosas. Al final de cuentas, logré contestar la demanda y a partir de ahí inició un proceso que duró todo un año de tires y aflojes, de negociaciones. Para esto contraté una firma de abogados muy reconocida en San Diego, que me costó mucho dinero, que no tenía, porque realmente vivía al día.

Pasaron los meses y Violeta me contó que estaba embarazada. Yo pues, obviamente, estaba fascinado, encantado. Me decía: "Dios me está dando una oportunidad", pero había muchas complicaciones y era muy turbia la situación en ese entonces.

Había personas observando la casa donde vivía Violeta y gente persiguiéndonos. Mi familia no entendía qué pasaba y yo le decía que no se metiera, desde una perspectiva muy arrogante, porque no quería que nadie se involucrara. Todos emitían juicios y nos tiraban abajo. Pero, al final de cuentas, yo sabía que estar con Violeta me hacía sentir bien, me hacía sanar.

Un día, mi jefe me citó en San Diego para decirme que estaba teniendo muy mal desempeño y que ya no podía continuar en mi cargo. Por cierto, me habían promovido antes de pasar por el proceso de divorcio a un puesto de ingeniero, porque yo había llegado como técnico y me habían ascendido. Pero me bajaron de jerarquía, me comunicaron que ya no podía seguir allí, que tenía que regresar al puesto original con el cual había empezado, que era mi especialidad, y agregaron que me tenía que ir a San Francisco.

Le contesté que no podía ser, que estaba pasando por este proceso de divorcio y no podía mudarme a San Francisco. Mi jefe me dijo: "Bueno, te doy la oportunidad de que vayas, te presentes, pases por el proceso, pero eventualmente te vamos a pedir que te mudes para allá". Y añadió que si no hubiera sido por todo lo que había hecho antes, por mi reputación y porque laboralmente siempre había tenido mucha destreza y había sido muy aguerrido, no me hubieran dado la posibilidad.

El lado personal era el que estaba totalmente descuidado, porque no había logrado desarrollarlo aún. Me sucedió eso, me cambiaron de trabajo y el día que Violeta y yo nos enteramos de que íbamos a ser padres, mi jefe me dijo que tenía que trasladarme a San Francisco. Eso nunca ocurriría, pero estaba tan delicada la situación que yo no podía negarme y en aquel momento era mi trabajo y era mi vida.

Entonces, no pude hacer más que pedirle a mi papá que llevara a Violeta al autobús, porque estábamos en Tijuana por la boda de mi hermano. Ella regresaría a Mexicali con la noticia del embarazo. No pudimos disfrutar esa alegría. Yo tomé un vuelo de San Diego a San Francisco y me presenté como la nueva persona del equipo, pero, al final de cuentas, fue algo obligado. Con Violeta embarazada, había mucha ilusión de mi parte y también implicaba estar con ella. Violeta estaba en Mexicali, yo en San Diego y ahí ya comencé a bajarle a la cuestión del alcohol y de las tocadas, pero todavía había algo de eso.

Aunque sentía que el mundo se derrumbaba a mi alrededor, algo dentro de mí se aferraba a la posibilidad de un futuro mejor. Las decisiones que tomaría en los días siguientes definirían no solo mi destino, sino también mi camino hacia una transformación que apenas comenzaba…

CAPÍTULO 6
CAMBIANDO EL RUMBO

El estado mental y emocional de una persona es lo que define **aquello que atrae a su vida**.

Tu vibración es, en esencia, tu oración; vibración, emoción y sentimiento son lo mismo. El estado emocional predominante que mantienes es, en realidad, lo que estás solicitando a Dios o al universo, según prefieras llamarlo.

En mi caso, por ejemplo, vivía constantemente en un estado de frustración, pensando en problemas como la demanda y las situaciones que sentía fuera de mi control. También me encontraba recordando momentos dolorosos, como la muerte del niño, y atravesaba el divorcio, lidiando con temas como el pasaporte y otros conflictos. Sin conocer en profundidad los principios de la mente, las leyes de la manifestación y todo lo que ahora entiendo, vivía de forma inconsciente en un estado de miedo, incertidumbre y frustración.

Pasaron los meses y decidí rentar una casa en Mexicali, donde estaba Violeta. Yo llegaba los jueves y los lunes regresaba a San Diego y así estuvimos. Volvía para las citas de la corte y todo lo que involucraba eso con mi exesposa. Por supuesto, no podía hacer emigrar a mi actual pareja, Violeta, porque estaba en un proceso de divorcio. Pero, yo quería que Leo, mi hijo, naciera en Estados Unidos. Violeta solicitó dos veces la visa de turista pero no se la dieron. Yo sentía mucha frustración. Pensaba, cómo ahora que voy a tener a mi hijo, ahora que estoy rehaciendo mi vida, no voy a poder porque estoy pasando por este proceso de divorcio y no me lo permiten.

Fueron muchos meses de gran frustración, de mucha incertidumbre, de no saber qué iba a pasar. Pero, cuando nació Leo en Mexicali, mi ex se enteró y me felicitó. Enojado, yo le recriminé: "No seas hipócrita. Si quisieras mi bien, ya me habrías dejado en paz". En ese momento, ella decidió ir a la oficina de la firma de sus abogados y liberar la demanda.

Entonces se resolvió la demanda de divorcio al mes de que había nacido Leo.

Además, en esos días, también me habló la abogada de Migración y me avisó: "Tienes cuatro, cinco años esperando tu proceso para la residencia. Ya estamos listos, ya llegó tu turno". Yo le dije que me acababa de divorciar y que tenía una nueva pareja y un niño. Entonces me advirtió que si no me casaba en ese preciso momento, podía suceder que mi actual pareja y mi hijo tardaran más de diez años en hacerse residentes.

Con mi ex nunca tuve una boda. Nunca hice una fiesta ni ese tipo de cosas tradicionales. En cambio, con Violeta habíamos planeado hacer alguna celebración, pero ese proceso nos obligó a ir y casarnos. Me acuerdo de que fuimos a otro estado, a Sonora, a San Luis Río Colorado, y nos casamos en una casa con una juez a domicilio. Fue algo tan simple y tan escueto, pero, al final, obtuve el acta de matrimonio y, cuando llegue al consulado en Tijuana a decir que ella era mi esposa ahora, pues, el oficial de migraciones se me quedó viendo como diciendo: "Pues acabas de salir de una y ya vas a entrar a otra". Y ahora, además, trae paquete, habrá pensado, por el bebé. Cosas de la vida.

Luego de que le otorgaron la visa a Violeta y a Leo, al mes iniciamos el proceso de huellas y, unos tres meses después, nos concedieron la residencia a los tres. Durante el proceso de divorcio, mi ex esposa, además de exigir el 50% de mis ingresos, me pedía que no finalizáramos el divorcio hasta que ella obtuviera la residencia, pero yo le respondí que esa oportunidad no era para ella, sino para la persona que realmente mereciera ser mi esposa y madre de mis hijos.

Para ese entonces, ya había comenzado a reducir mi consumo de alcohol, mejorar mi actitud, sanar y recuperar la esperanza. Vendí mi casa en San Diego, con lo que obtuve unos $40,000 dólares, que usé para pagar deudas y limpiar mi historial financiero. Después, inicié una nueva vida en Murrieta, California, alquilando una casa con Violeta y mi hijo Leo.

Ahí, nuestra vida comenzó a tomar un rumbo positivo. Seis meses más tarde, decidí emprender mi propio negocio. Junto con un amigo de Los Mochis, Sinaloa, abrimos una taquería en Tijuana, llamada "Mochitaco". Dejamos la vivienda que alquilábamos, guardamos nuestras pertenencias en un depósito en San Isidro, cerca de la frontera, y nos mudamos a una casa más pequeña en Tijuana para comenzar esta aventura como emprendedores. Desde entonces, mi esposa y yo llevamos más de diez años en esta trayectoria, superando todo tipo de obstáculos.

En aquel tiempo, cuando recién conocí a Violeta, también fui diagnosticado con prediabetes, probablemente debido a mis malos hábitos. Una madrugada, mientras viajaba solo hacia Mexicali para ver a Violeta, sufrí un episodio de vértigo. Al llegar, me calmé, pero al día siguiente fui al doctor y me confirmó el diagnóstico de prediabetes y me recomendó tomar metformina. Aunque entonces no sabía mucho sobre fármacos y nutrición, decidí no depender de la medicina y, en cambio, modifiqué mis hábitos. Después conocí un producto para la limpieza del hígado y empecé a mejorar mi salud.

Sin embargo, lo que realmente me sacó de la depresión fue mi inmersión en el mundo del desarrollo personal, algo que descubrí a través de esta empresa. Poco a poco, comencé a ver una luz al final del túnel, y cada cambio positivo en mis hábitos contribuía a mi bienestar.

Recuerdo una ocasión en la que, harto de mi estilo de vida, publiqué en Facebook que, si en 90 días no lograba un cambio significativo en mis finanzas, mi salud física, emocional y espiritual, los demás tendrían derecho a burlarse de mí. Esa publicación marcó el inicio de un proceso de crecimiento personal que aún hoy continúa.

Siento que este viaje no terminará nunca y probablemente me acompañará el resto de mi vida, pero estoy agradecido por el camino que he recorrido. Hace cuatro años, al unirme a Bob Proctor, experimenté un crecimiento que superó todas mis expectativas y me llevó a niveles que ni imaginaba. Después de un largo camino lleno de desafíos, aprendizajes y decisiones cruciales, parecía que por fin había encontrado la estabilidad que tanto anhelaba. Sin embargo, aún quedaban sombras por disipar, y lo que estaba por enfrentar más adelante pondría a prueba mi compromiso con la vida que siempre soñé...

CAPÍTULO 7
RENACER INTERIOR

Leo había nacido y yo había recorrido los primeros pasos de mi transformación. Sin embargo, el vicio del alcohol seguía siendo una carga fuerte sobre mí. Un día, ya viviendo en Murrieta, tras haber vendido la casa en San Diego y pagado todas las deudas para empezar una nueva vida con mi familia, volví a caer en viejas costumbres.

Había formado amistades en Mexicali, una familia a la que apreciaba mucho. Sin embargo, mi comportamiento en ese entorno no era muy bueno, porque yo toda la vida me transformé cuando tomaba. Cada vez que bebía, me alteraba, volviéndome agresivo, algo que arrastraba desde la pubertad y que había aprendido en casa. Y lo digo con amor hacia mis padres, pero, pues, esa es la verdad. No estoy culpándolos ni haciéndome la víctima, cuento lo que me sucedía.

Recuerdo una vez que fuimos a una fiesta en Mexicali, con esa gente que solía yo frecuentar y con quien solía beber bastante. Y aclaro que son superbuenas personas, que no tienen nada que ver, que era yo el que estaba mal. Pero en ese entorno, con el alcohol, la música, el grupo norteño y todo eso, yo me descontrolaba.

Cuando oscureció, llegó la hora en que a Violeta le dio sueño y me pidió que nos fuéramos al hotel donde nos alojábamos, pero yo, simple y sencillamente, le dije: "Vete tú, porque estoy disfrutando mucho". Obviamente, ya estaba tomado y no tenía conciencia de lo que estaba haciendo al dejar que se marchara sola con el bebé recién nacido.

Violeta se retiró temprano con nuestro hijo, mientras yo me quedé y seguí bebiendo. Horas después, ya de madrugada, en vez de agarrar un taxi, le hablé para que me buscara. Ella me dijo que estaba dormida y entonces yo, en un arrebato de enojo, rompí mi celular al aventarlo al suelo, ya no podía ni hablar ni textear ni nada. Más tarde, ella llegó por mí y nos fuimos a dormir. Al otro día me levanté bien crudo.

Camino a casa, a la mañana siguiente, Violeta me confrontó con calma e inteligencia. Me dijo que, de no cambiar, ella no soportaría vivir con alguien que se comportara así y que probablemente terminaríamos en divorcio.

Esa conversación me golpeó profundamente. Me hizo recordar el día que supe que iba a ser papá y decidí dejar de fumar. Aquella fue una decisión difícil, pero ahora me veía al borde de perder a mi familia por el alcohol, otro vicio que me estaba consumiendo. Me dije a mí mismo: "Memo, tú pasaste por un proceso en el cual lloraste, gritaste, te frustraste y fue horrible, y ahora que tienes tu familia, por este maldito vicio estás a punto de perder lo que añorabas, lo que le pediste a Dios y él te dio. Tienes que hacer lo mismo que hiciste con el cigarro". Entonces, me convencí de dar el siguiente paso: cambiar, aunque en ese momento aún no tenía claro cómo lograrlo.

Nos mudamos a Tijuana y abrimos una taquería, pero las

tentaciones persistían. Aunque había reducido el contacto con viejas amistades, seguía frecuentando bares después de cerrar el negocio, demostrando que aún no había superado mis hábitos. La situación me llevó a buscar apoyo en mi prima Alicia, con quien empecé a tener estudios bíblicos, algo que en su momento también me había transmitido mi abuela. Sin embargo, aunque sentía paz, no lograba sentirme completo.

Más adelante, mi salud comenzó a empeorar y, con ello, mi insatisfacción. Opté por hacer un proceso de desintoxicación, de hígado, nutrición y demás. Así conocí a unos mentores que me hablaron de desarrollo personal y empecé a entenderme a mí mismo. Ellos me iniciaron en este camino. Allí empezó mi transformación física, comencé a hacer ejercicio, a entrar en el mundo del desarrollo personal, a un mundo diferente. Pero, aunque era un avance gradual y sentía que estaba subiendo de nivel, aún no llegaba a una transformación total. Pasarían seis años hasta encontrar a mi mentor, Bob Proctor.

Estudié cinco o seis años desarrollo personal y lo entendía intelectualmente, que **aquí es donde entramos al punto de este libro,** comprendía los conceptos de disciplina, autoconocimiento, mente consciente, mente subconsciente y el poder de los pensamientos, las emociones y las acciones, sin embargo, yo le pedía a mi actual mentor (antes de Bob) que me ayudara a dar ese salto cuántico porque quería regresar a Estados Unidos.

Cuando estaba en Tijuana en la taquería renuncié a mi empleo, ya había obtenido la residencia, pero cruzaba todos los días de Tijuana a EE.UU. arriesgando mi residencia -porque si eres residente tienes que vivir en EE.UU.- para comprar producto y me metía a las colonias de Tijuana y vendía y hacía conferencias y hablaba sobre cómo vivir sin fármacos. Trabajaba mucho, pero ganaba poco y vivía al día y, si bien tenía mi casa, no estaba conforme porque, aunque me esforzaba, me topaba con que la gente no quería cambiar sus hábitos y yo quería vender mis productos y ayudarle a modificar su vida, pero no tenía muchas ventas.

Ya para entonces había nacido Anabela, y Leo tenía seis años. Recuerdo que, en San Diego, cuando nació nuestra niña, quedamos debiendo $1,000 dólares al hospital porque vivíamos al día. Violeta y yo éramos reconocidos en la empresa de multinivel donde trabajábamos como líderes, pero no teníamos dinero; entonces estaba harto de esto, de las caretas, de aparentar que todo estaba bien y de vivir mal. Yo sabía que había nacido para algo más grande en mi vida, pero no sabía cómo llegar ahí.

Después de varios años de esfuerzo, fracasos en el negocio de productos, con las ventas y frustraciones financieras, mi esposa me encontró un día en un momento de desesperación total. Sentía que, a pesar de mi trabajo duro, mis sueños se estancaban. Justo entonces, una persona me recomendó ver un entrenamiento de Bob Proctor, una figura que resonó profundamente conmigo.

Hoy entiendo que fue mi intuición, la voz del Dios hablante, que me decía: "Es aquí". En aquel tiempo no conocía eso y aún así le hice caso. A través de las clases que recibía de Bob, iban resonando conmigo mismo y me daba cuenta de que entendía lo que explicaba sobre la mente, los pensamientos, las emociones, las leyes universales, la manifestación. Me decía a mí mismo: "Con razón me he sentido mal, con razón tengo estos resultados y estoy frustrado".

Entonces empecé a practicar las asignaciones de cada día, donde Bob indicaba escribir la meta que se deseaba alcanzar, los hábitos que se querían cambiar y demás. Yo estaba muy compenetrado con el curso, estuve atento a cada palabra de los cinco días de entrenamiento y, al finalizar, decidí que quería seguir sus enseñanzas y ser un consultor del programa, aunque la inversión era elevada.

Debo decir, también, que me tuve que enfrentar a mi antiguo mentor, a quien llevaba años pidiéndole que me ayudara a elevar mi nivel de vida pero no lo hacía. Su actitud de no apoyarme en este nuevo camino, e incluso de intentar que no lo tomara, hizo que dejara salir una fuerte versión de mí y hasta le dijera: "No tienes ni idea de quién es Memo Serrano. Con el tiempo vas a saberlo". Hoy he superado a esa persona, pero en ese entonces me quebró emocionalmente.

Días después, un accidente en casa, jugando con Leo, me dejó fuera de acción por un mes y medio. Incapaz de hacer nada más, me dediqué a escuchar a Bob Proctor 14 horas al día. Fue en ese tiempo cuando comprendí el verdadero poder de la autoimagen y empecé a reconstruir mi identidad desde adentro.

Así, luego de oír constantemente "La autoimagen es el concepto que tienes de ti mismo, el concepto que tienes de ti mismo controla tu comportamiento y tu comportamiento controla tu resultado", en un momento, me senté en la cama, agarré el celular, pausé el audiolibro y empecé a escribir mi autoimagen, la persona en la que me quería convertir, con todo lujo de detalles.

Anoté: "Yo soy muy feliz, estoy agradecido ahora que soy un padre de familia y un líder y empresario exitoso, con grandes hábitos, con gran personalidad, con resiliencia, paciencia, amor, comprensión; que adora a su familia, que se levanta a las cinco de la mañana, que tiene gran resiliencia, que tiene gran disciplina, que tiene un cuerpo armónico, que ayuda a los demás, que tiene a Dios en su corazón".

Y me dije: "Esta es la persona que decido ser de aquí al resto de mi vida". En ese instante se me erizó la piel y hoy soy esa persona; hoy, que he entendido la mente, la física cuántica, la neurociencia, entonces digo: "Soy vibración, soy energía, estoy vivo".

Aquel momento se convirtió en una bendición disfrazada de adversidad, así como lo son en verdad todas las adversidades y "problemas". Definí claramente quién quería ser: un hombre disciplinado, resiliente, que ama a su familia y lidera con ejemplo. Hoy soy esa persona, y esa autoimagen no solo ha transformado mi vida, sino también la de cientos de empresarios que, como yo, buscan superar sus propios obstáculos y vivir una vida bendecida y extraordinaria.

El momento en que decidí escribir mi autoimagen fue un antes y un después en mi vida. Pero lo que no imaginaba era cómo esa simple decisión, cargada de propósito y emoción, comenzaría a moldear un futuro que ni siquiera podía soñar. Lo mejor estaba por venir, y todo comenzó con un cambio radical en cómo me veía a mí mismo. Te lo explico a continuación…

CAPÍTULO 8
ROMPIENDO LÍMITES

He transformado mi vida por completo. A la fecha en que estoy escribiendo estas letras, he generado $3.5 millones de dólares en tres años. De hecho, en tres años y medio.

He ayudado a más de mil personas y fundé mi propia empresa registrada en el estado de California, compañía que produce más de $1.5 millones de dólares al año. También he creado un equipo de más de 60 colaboradores en LATAM, Europa y EE.UU.

Juntos hemos desarrollado una infraestructura digital y de negocios con un sistema de ventas capaz de generar millones de dólares. Además, contamos con una comunidad de más de 100 inversionistas en bienes raíces que pueden testificar que Memo Serrano les ha ayudado a alcanzar un nuevo nivel. Cientos de empresarios y dueños de negocios han transformado su vida personal y profesional, logrando paz y muchos otros beneficios gracias a este trabajo.

Sin embargo, esto apenas comienza. Con Bob Proctor, alcancé el "Círculo de la Excelencia," que incluye a los mejores coaches de todos los tiempos. Soy el único latino en ese grupo y llegué al círculo cercano de Bob. Fui reconocido por su hijo, Brian Proctor, ya que Bob había fallecido cuando ingresé.

¿Y qué hay de aquellos que no creían en mí? Algunos se han acercado para preguntarme cómo lo logré, otros me han felicitado, y algunos, por ego, intentan explicar mi éxito con teorías. Hoy, muchas personas que antes me observaban desde la distancia quieren formar parte de mi mundo, y algunas ya son parte de mi equipo. Mi familia directa, mis hermanos y mis padres, están impresionados por el increíble crecimiento que he logrado. Incluso he comprado la casa de mis sueños en San Diego, California, en una zona donde siempre deseé vivir.

En mi programa de un año, enseño una metodología que permite a las personas alcanzar paz y plenitud, lo que yo llamo realización personal y obviamente libertad financiera. He sido reconocido en la industria del desarrollo personal en varias áreas por está razón, pero créeme: esto apenas comienza.

Todo ser humano necesita un deseo ardiente que lo impulse a la acción. Comprendiendo que nuestra mente se divide en consciente y subconsciente, debemos reconocer que la primera (intelecto) controla sólo un pequeño porcentaje de nuestras decisiones y acciones. En cambio, el segundo, donde residen creencias, hábitos, miedos e inseguridades, dirige hasta 98% de nuestra conducta diaria, incluso sin que lo notemos. Esto significa que las creencias y los hábitos tienen un poder inmenso sobre nuestro comportamiento, superando con creces el alcance de nuestro intelecto.

Podemos acumular conocimientos intelectuales durante años, pero estos solo controlan una fracción mínima de los resultados que obtenemos. Nuestros logros y nuestra realidad diaria no dependen de cuánto sabemos, sino de nuestras acciones. Este libro, titulado *CONEXIÓN SUPREMA,* aborda cómo muchas veces creemos que saber más nos dará mejores resultados. Sin embargo, esta creencia puede llevarnos a una gran frustración: poseemos abundante conocimiento, pero no vemos los resultados esperados.

Los cambios reales y duraderos provienen del subconsciente, donde residen la autoimagen y los hábitos. La autoimagen es el concepto que tenemos de nosotros mismos, aunque no siempre somos conscientes de ella. Personalmente, pasé más de 41 años sin ser consciente de mi autoimagen hasta que mi mentor, Bob Proctor, me ayudó a entender cómo mi percepción sobre mí mismo influía en mis acciones y resultados. Para ilustrarlo, pensemos en alguien que dice: "No sé bailar". Esta creencia define su autoimagen como de un mal bailarín. Mientras esta percepción persista, esa persona evitará cualquier situación que involucre bailar, aunque no tenga limitaciones físicas.

La autoimagen y los hábitos determinan nuestro comportamiento. En mi caso, en un momento de profunda reflexión decidí crear una descripción de la persona que quería ser, escrita en tiempo presente. Esto se debe a que el subconsciente actúa sobre el presente y, para activar el cambio, necesitamos sentir y visualizar que ya somos la persona que deseamos ser. Así, el subconsciente genera una vibración que atrae personas, circunstancias y oportunidades alineadas con esa autoimagen.

Es fundamental tomar consciencia de que nuestra autoimagen, hábitos, creencias y miedos dirigen nuestra vida más que cualquier conocimiento intelectual. El mundo está lleno de personas sumamente inteligentes, pero muchas viven con dificultades porque ignoran que sus resultados provienen de su nivel de consciencia y no de su intelecto. El verdadero avance sucede cuando reducimos la distancia entre lo que sabemos y lo que hacemos, volviéndonos congruentes con nosotros mismos: decir lo que hacemos y hacer lo que decimos.

Nadie actúa de manera incómoda o desafiante sin un deseo ardiente que lo impulse. Es decir, nadie estará dispuesto a cambiar sus hábitos y sus creencias e inseguridades sin tener una razón poderosa para hacerlo. Mi deseo ardiente fue **crear una autoimagen poderosa**, una visión clara de la persona que quería ser. En ese periodo de cambio, escuché a Bob Proctor durante largas horas, y decidí, con convicción, ser esa persona. En el próximo capítulo, hablaré sobre el poder de las decisiones y cómo estas nos conducen hacia el destino que elegimos.

La reprogramación del subconsciente requiere de repetición constante y espaciada. El impacto emocional es otro factor que programa nuestra mente, pero, generalmente, viene de experiencias negativas fuera de nuestro control. La repetición, en cambio, es una herramienta a nuestro alcance y es fundamental para reprogramar el subconsciente, pues lo que escuchamos y repetimos constantemente se convierte en creencias y hábitos.

Si no te gustan tus resultados actuales, tus finanzas, tu vida, es probable que tu subconsciente esté dictando tu conducta sin que lo notes. Para transformar tu vida de forma voluntaria, la repetición constante y espaciada es clave. La autosugestión, un concepto de Napoleon Hill en su libro *Piense y hágase rico,* implica dar instrucciones repetidas a nuestra mente, afirmando que ya somos capaces de lograr lo que deseamos. Esta práctica incrementa la confianza y permite que nuestra autoimagen evolucione.

Mi mentor, Bob Proctor, me enseñó siete pasos de autosugestión que te revelaré más adelante.

La autosugestión se puede complementar con preguntas diarias para evaluar nuestro progreso: "¿Me comporté hoy como la persona que quiero ser? ¿Tuve los pensamientos, las emociones y las acciones de esa persona?". Esta autoevaluación diaria, como un corte de caja, nos ayuda a mantenernos honestos y congruentes con nuestros objetivos.

El cambio real ocurre cuando asumimos completamente el personaje de nuestra autoimagen ideal. Cuando te comprometes a vivir desde esa identidad, la autosugestión y la repetición constante te ayudarán a actuar como la persona que deseas ser.

Para ilustrar este proceso, te comparto la historia de Marisol y Noé Arámburo, una pareja originaria de Sinaloa, México, que vivió 18 años en condiciones limitadas en un rancho de California. Trabajaban largas horas y vivían en una pequeña vivienda prestada, hasta que Marisol descubrió este método. A través de mis mentorías, empezaron a cambiar su autoimagen y, en un año, su vida dio un giro notable: hoy son inversionistas de bienes raíces y modelos a seguir para muchos en su comunidad.

Noé y Marisol vivieron todo ese tiempo en un rancho en California. Noé era un vaquero que se encargaba de ordeñar vacas, manejar tractores para el dueño del rancho, que por 18 años les dio una trailer para que vivieran en él. Marisol misma decía: "Por 18 años vivimos en una pocilga. Por 18 años cada vez que llovía entraba agua a las camas, a la alfombra y olía horrible. Era un lugar tan pequeño. Siempre batallábamos por espacio, siempre olía horrible, pero todo el mundo nos decía: 'Es que no pagan renta'. Y por todo ese tiempo decidimos que era la vida que queríamos vivir. No sabíamos que podíamos estar mejor o de otra manera, porque no entendíamos que la forma en que nos veíamos a nosotros mismos estaba determinando lo que aceptábamos".

Los estándares en tu vida, de lo que aceptas y de lo que no, tanto en tu físico y tus finanzas como el lugar, las amistades y los entornos están basados y atados firmemente a tu autoimagen. Si tú crees que eso mereces, es debido a la forma en la que te ves a ti mismo, a la llamada autoimagen.

En el caso de Marisol y Noé, por 18 años aceptaron que esa era la vida que podían tener. Ellos por 18 años vivieron al día. 18 años esclavizados. Trabajaban todos los días. Trabajaban todo el día.

Sus hijos crecieron en un entorno totalmente limitado. Pero, cuando Marisol escuchó hablar de Memo Serrano, de mis **mentorías diarias en vivo**, se unió a ellas y empezó a escuchar cosas que le llamaron la atención. Habló personalmente conmigo, y me dijo: "Tengo miedos, me preocupa la opinión de los demás, no sé qué hacer, no me creo capaz". Después de un año de estudiar conmigo todos los días, de desarrollar el programa, ella y Noé han llegado a ganar hasta $60,000 dólares en un mes.

Hoy viven en Modesto, California, en una casa nueva y hermosa. Sus hijos han transformado toda su vida. La percepción que tienen de ellos mismos, sus estándares se han elevado, han cambiado todo el entorno, amistades y todo tipo de vida.

Marisol y Noé son líderes, son ejemplo para muchas personas, están transformando muchas vidas y contribuyen a una vida mejor para los demás.

Conocer el poder de la autoimagen es solo el comienzo. Transformar tu vida requiere un método claro y efectivo que te guíe paso a paso hacia tu mejor versión. En el siguiente capítulo, descubrirás los secretos de una práctica diaria que ha cambiado vidas y puede cambiar la tuya...

Tú también puedes tomar **el control de tu vida y dar el primer paso hacia tu libertad.** Agenda una llamada conmigo o con alguien de mi equipo y descubre el mismo método que transformó a Marisol y Noé en líderes de éxito.

Escanea el código QR y comienza tu cambio ahora

CAPÍTULO 9
7 PASOS DE LA AUTOSUGESTIÓN

"La confianza es un estado mental necesario para triunfar, y el punto de partida para desarrollar la confianza en uno mismo es la firmeza de propósito."

Napoleon Hill

Este es el momento más importante de tu lectura. Aquí encontrarás el tesoro de este libro: un método probado que te llevará a un desarrollo personal profundo y duradero. Es más que un conjunto de pasos; es una hoja de ruta hacia la transformación de tu vida.

¿Alguna vez te has preguntado por qué tantas personas se quedan atrapadas entre el saber y el hacer? ¿Por qué a pesar de toda la información que consumimos, los resultados parecen tan esquivos? La respuesta está en nuestra programación subconsciente, esa parte de nuestra mente que gobierna nuestras acciones, emociones y hábitos. Cambiar esa programación es clave, y eso es exactamente lo que lograrás con los *Siete pasos de la autosugestión*.

Imagina que estás construyendo un edificio. Cada paso de este método es un ladrillo sólido que refuerza tu autoimagen y reprograma tu mente subconsciente. Cada día que practiques este método, te estarás acercando más a tu mejor versión. Pero no se trata solo de repetir acciones; se trata de hacerlo con intención, emoción y constancia.

Este método fue desarrollado y perfeccionado por uno de los mayores maestros del desarrollo personal, Bob Proctor, y ha sido probado por miles de personas que han logrado resultados extraordinarios en sus vidas. Ahora, tienes la oportunidad de convertir este método en el pilar de tu transformación.

Este capítulo es el corazón de este libro porque contiene las herramientas que te llevarán de donde estás a donde quieres estar. Si lo practicas con disciplina y fe, estos siete pasos se convertirán en el motor que impulse cada área de tu vida hacia la excelencia. ¡Es tu momento de tomar el control!

LOS SIETE PASOS DIARIOS DE BOB PROCTOR PARA LOGRAR LO QUE QUIERAS

1. **Autosugestión frente al espejo:** repite tu meta por 5 minutos viéndote a los ojos. ¡Empodérate, emociónate!

2. **Escribe 30 veces tu meta.** Ejemplo: "Yo soy muy feliz y estoy agradecid@ ahora que he logrado _____, que gano _____, que vivo en _____, etc."

3. **Lee la AUTOIMAGEN en voz alta.** Para esto, necesitas crear TU PROPIA AUTOIMAGEN, es decir, la descripción **detallada** de la persona en la que te quieres convertir, pero en estado presente: "Yo soy muy feliz y estoy agradecid@ ahora que soy… ejemplo: disciplinado, amoroso, resiliente, etc… gracias, ya está hecho".

4. **Escucha la grabación *La palabra mágica*, de Earl Nightingale** (1 vez – búscala en YouTube).

5. **Lee lleno de emoción *La fórmula de la confianza en ti mismo*, de Napoleón Hill** (1 vez).

6. **Escucha una grabación o ve un video de lo que quieras ser experto**, como el entrenamiento de una presentación de ventas, por ejemplo.

7. **Al final del día, reflexiona sobre lo siguiente:**

    - ¿Me comporté como la persona en la que me quiero convertir?
    - ¿Tuve la actitud (pensamientos/emociones/acciones) de la persona en la que me quiero convertir?
    - ¿Operé con el standard (desempeño) de la persona en la que me quiero convertir?
    - ¿Tuve la disciplina de la persona en la que me quiero convertir?

Practica estos pasos diariamente y verás la magia en tu vida.

FÓRMULA PARA LA CONFIANZA EN MÍ MISMO

"La fórmula para la confianza en mí mismo" es una poderosa herramienta diseñada para elevar la autoestima y reforzar la autoconfianza a través de la repetición de autosugestiones. Esta práctica se basa en la idea de que al repetir afirmaciones positivas, estás programando tu mente subconsciente para que adopte una mentalidad de éxito y acción.

Esta fórmula consiste en una serie de afirmaciones y declaraciones dirigidas a tu subconsciente con el propósito de fortalecer la creencia en tus capacidades y atraer hacia ti los recursos y oportunidades que necesitas para alcanzar tus objetivos. A continuación, te explico cómo usarla.

Nota: "La Fórmula para la confianza en mí mismo" está inspirada en los principios del éxito formulados por Napoleon Hill, en su libro *Piense y Hágase Rico*, publicado en 1937 y actualmente en dominio público.

Fórmula para la confianza en mí mismo

1. Sé que tengo la capacidad de lograr el objetivo definido de mi propósito en la vida. Por lo tanto, exijo de mí mismo una acción persistente y continua hacia su consecución, y me prometo realizar tales acciones.

2. Entiendo que los pensamientos dominantes en mi mente eventualmente se reproducirán en actos exteriores y se convertirán gradualmente en una realidad física. Por lo tanto, concentraré mis pensamientos durante 30 minutos diarios en la tarea de pensar en la persona en la que me propongo convertirme, creando así una imagen mental clara de esa persona.

3. Sé que a través del principio de la autosugestión, cualquier deseo que mantenga persistentemente en mi mente eventualmente buscará expresarse a través de medios prácticos para alcanzar el objetivo que persigue. Por lo tanto, dedicaré 10 minutos diarios a demandar de mí mismo el desarrollo de la confianza en mí mismo.

4. He escrito con claridad una descripción de mi principal objetivo en la vida, y nunca dejaré de intentar hasta

haber desarrollado suficiente confianza en mí mismo para lograrlo.

5. Comprendo con claridad que no hay riqueza ni posición que pueda durar mucho tiempo, a menos que se haya formado sobre la lealtad y la justicia; por lo tanto, no me comprometeré en ninguna transacción que no beneficie a todos a los que afecte. Tendré éxito atrayendo hacia mí las fuerzas que deseo emplear, y la cooperación de otras personas. Induciré a otros a servirme, por obra de mi disposición de servir a otros. Eliminaré el desprecio, la envidia, los celos, el egoísmo y el cinismo, y cultivaré el amor por toda la humanidad, porque sé que una actitud negativa hacia los demás nunca me dará el éxito. Haré que los demás crean en mí, porque yo creeré en ellos y en mí mismo.

6. Firmaré esta fórmula con mi nombre, la memorizaré y la repetiré en voz alta una vez cada día, con la fe absoluta de que influirá gradualmente en mis pensamientos y mis actos para que yo me convierta en una persona que confía en sí misma y que goza del privilegio del éxito.

¿Cómo utilizar esta fórmula?

- **Personalización:** Adapta la fórmula a tus metas y los resultados específicos que deseas alcanzar. Por ejemplo: *"Todos los meses estoy ganando más de $150,000.00 USD"*. Esto hace que las afirmaciones sean relevantes para tu situación actual y más efectivas.

- **Lectura Diaria:** Lee en voz alta la fórmula completa al menos una vez al día. Es preferible hacerlo en la mañana para comenzar tu día con una mentalidad positiva y enfocada, y en la noche antes de dormir para que las afirmaciones se asienten en tu subconsciente mientras descansas. Te recomiendo grabar la fórmula con tu propia voz en una aplicación como Loopideo para escucharla de manera continua todo el tiempo que te sea posible.

- **Visualización:** Mientras repites las afirmaciones, visualiza en detalle lo que estás declarando. Imagina vívidamente cómo se siente, cómo luce y cómo es tu vida al alcanzar estas metas. La visualización intensifica el poder de las afirmaciones.

- **Compromiso:** La fórmula incluye un compromiso de acción. No basta con solo decirlo; debes también decidirte a tomar acciones concretas y alineadas con lo que afirmas. Actúa con confianza y perseverancia, sabiendo que cada paso te acerca a tus objetivos.

- **Memorización:** Memoriza la fórmula para que puedas repetirla en cualquier momento del día, incluso si no tienes el texto a la mano. Esto refuerza aún más su impacto en tu subconsciente.

- **Fe y Convicción:** Repite las afirmaciones con plena convicción de que ya están en proceso de manifestarse. La fe en ti mismo y en el proceso es crucial para que la fórmula funcione.

Ejemplo de cómo usar la fórmula

1. Adapta la Fórmula a tus objetivos personales.
2. Recita la fórmula diariamente en voz alta.
3. Visualiza tus metas mientras las afirmas.
4. Actúa con decisión y constancia.
5. Confirma diariamente tu progreso y mantente comprometido con tu crecimiento personal.

Con el tiempo, las afirmaciones repetidas consistentemente comenzarán a transformar tus pensamientos dominantes en acciones, y estas acciones en realidades físicas. Desarrollarás una mayor confianza en ti mismo, lo que te permitirá atraer y manifestar las oportunidades y éxitos que deseas en tu vida.

Este ejercicio no solo te ayuda a internalizar la fórmula para la confianza, sino que también te permite personalizarla para que se alinee con tus metas y valores personales. Asegúrate de leer y repetir tu fórmula adaptada todos los días con convicción, para que te guíe hacia el éxito que deseas alcanzar.

Ahora que has descubierto los *Siete pasos de la autosugestión* y la *Fórmula para la confianza en mí mismo,* tienes en tus manos poderosas herramientas para transformar tu vida desde la raíz. Pero quiero que este momento sea aún más significativo. Por eso, decidí agregar un regalo especial: un capítulo diseñado para despertar tu grandeza, encender tu pasión y guiarte a un nivel completamente nuevo de entendimiento y propósito. ¡Prepárate para descubrirlo!

CAPÍTULO 10
DESPIERTA TU GRANDEZA

A lo largo de este libro, hemos trabajado en construir una base sólida para que tomes el control de tu vida y empieces a caminar hacia lo que realmente deseas. Pero quiero ir más allá, quiero que des ese paso extra que marque una diferencia real y tangible en tu vida. Por eso, en este capítulo, voy a compartir contigo la primera lección de mi programa premium *Elite Mindset & World Class Results*, diseñada específicamente para ayudarte a descubrir quién realmente eres, qué es lo que verdaderamente deseas y cómo convertir esos sueños en metas claras y alcanzables.

El objetivo aquí no es solo que comprendas el poder de fijar metas, sino que aprendas a establecer aquellas que te despierten cada mañana con energía y propósito, esas metas que enciendan tu motor interno y te desafíen a ser más, hacer más y lograr más. Este no es un proceso superficial. Es un llamado a profundizar en tu autoconocimiento y a romper las barreras que te han mantenido atado a una vida de limitaciones.

Quiero que este capítulo te dé un vistazo directo al corazón de mi programa, una herramienta que no solo transforma tu mentalidad, sino también tus resultados. Aquí encontrarás pasos prácticos, ejercicios y estrategias que no solo cambiarán la manera en que te ves a ti mismo, sino que también te acercarán a tu mejor versión.

Prepárate, porque este no es un capítulo cualquiera. Es una invitación a imaginar sin límites, a comprometerte con tus metas y a descubrir el verdadero poder que siempre ha estado dentro de ti.

Lección 1: ¿Quién eres? ¿Qué realmente quieres? El deseo ardiente

Bienvenidos a esta primera lección de nuestro programa **Elite Mindset & World Class Results.** En esta primera lección, iremos en un viaje hacia el núcleo de tu ser, un viaje hacia la comprensión de tu verdadero yo y la realización de tus sueños más profundos.

Desde el comienzo, quiero que sepas que esta lección se basa en un principio fundamental: **el autoconocimiento es la llave para lograr resultados extraordinarios.** Entender quién eres realmente, cuáles son tus creencias limitantes formadas desde la infancia y cómo estas influyen en tu vida actual, es esencial para vivir la vida que realmente deseas.

Te invito a considerar la idea de que somos manifestaciones de lo divino, dotados con la capacidad de crear nuestra realidad a través de nuestras mentes. Esta perspectiva espiritual te ayudará a darte cuenta de tu potencial ilimitado y a creer en tu habilidad para lograr cualquier cosa que tu mente pueda imaginar.

Las seis facultades mentales

Ahora, hablemos sobre las seis facultades mentales que nos separan de los animales y nos permiten crear la vida que deseamos: **imaginación, percepción, razón, intuición, memoria y voluntad.** Estas son herramientas poderosas que, si se utilizan sabiamente, pueden transformar tus sueños en realidad, porque aprendes a vivir de adentro hacia afuera, blindándote del exterior y manteniéndote en el espíritu de las cosas.

Otro aspecto crucial que exploraremos es cómo funciona tu mente en dos dimensiones: **la consciente y la subconsciente.** Este conocimiento es vital para lograr tus metas y sueños. Aprenderás a utilizar tu mente consciente para dirigir tus pensamientos y acciones, mientras que tu mente subconsciente trabajará en el fondo para hacer realidad tus deseos.

En esta lección, también abordaremos el tema de la libertad espiritual. La verdadera libertad es la libertad de expresión del espíritu: **honrar los deseos de tu espíritu, reconocerlos y decidir manifestarlos,** sin importar las expectativas y opiniones de los demás o tus resultados del pasado. Tus pensamientos, emociones y acciones están profundamente conectados con tu espiritualidad. Utilizar este conocimiento es clave para vivir una vida plena.

Recuerda que somos un espíritu viviendo en un cuerpo y que existimos en tres niveles de entendimiento: **Espíritu, Mente y Cuerpo.** Tu parte espiritual siempre está buscando expansión y expresión; es decir, siempre vas a querer más y manifestarlo físicamente.

Una de las razones por las cuales muchísimas personas no logran manifestar sus sueños más profundos es porque no se conocen realmente. No saben quiénes son en realidad, y por eso debes aceptar que eres la mayor manifestación de Dios en la tierra. Estás hecho a imagen y semejanza del Creador, viniste a cumplir su voluntad, que es crear. Lo haces con tus seis facultades mentales superiores antes descritas: imaginación, percepción, razón, intuición, memoria y voluntad. ¡Eres un ser infinito y poderoso… acéptalo!

Ahora, vamos a centrarnos en fijar tus metas. Te enseñaré a definir metas que reflejen tus verdaderos deseos y sueños. También aprenderás el proceso para alcanzarlas, enfocándonos en el "qué" y no en el "cómo". Te ayudaré a utilizar tu intuición para guiar tus acciones hacia la realización de tus sueños.

¡Bienvenido querido lector, a la transformación más grande de tu vida! ¡Bienvenido al camino hacia tu verdadero ser!

OBJETIVO: El objetivo de esta lección es empoderarte para que alcances un mayor nivel de autoconocimiento y conciencia. Aprenderás a identificar y superar creencias limitantes, desarrollando una comprensión profunda de tu verdadera naturaleza espiritual y mental. Te enfocarás en cómo tus pensamientos y creencias moldean tu realidad, y cómo puedes utilizar tus facultades mentales para crear la vida que deseas.

A través del reconocimiento de tu potencial ilimitado y el uso de tus facultades mentales —imaginación, percepción, razón, intuición, memoria y fuerza de voluntad—, aprenderás a buscar, definir y más adelante alcanzar metas que reflejen tus verdaderos sueños y aspiraciones. El objetivo final es que te sientas más conectado con tu verdadero yo, más confiado en tus capacidades y más consciente de tu potencial infinito para lograr tus sueños.

1. AUTOCONOCIMIENTO

Imagina que tu mente es un jardín fértil, donde las semillas de tus pensamientos pueden brotar y crecer. Cada idea, cada creencia, es una semilla que plantas en este jardín. Algunas de estas semillas se convierten en árboles frondosos de éxitos y alegrías, mientras que otras se marchitan, reflejando fracasos y miedos.

En este viaje de autoconocimiento, aprenderás a diferenciar entre lo que simplemente deseas y lo que realmente forma parte de tu propósito en la vida. Esta distinción es crucial. No se trata de perseguir cada capricho, sino de alinear tus acciones con tus aspiraciones más profundas.

La toma de decisiones es otra pieza crucial en tu viaje. Cada decisión que tomas es como un paso en un camino: algunos de estos pasos te acercan a tus sueños, mientras que otros pueden desviarte. Con autoconocimiento, aprenderás a tomar decisiones que resuenen con tu ser interior, decisiones que te alineen con tu verdadero propósito y te acerquen a tus metas más profundas.

Finalmente, reconoce que el autoconocimiento no es un destino, sino un viaje continuo. Cada día te brinda una nueva oportunidad para conocerte mejor, entender qué te motiva, qué te asusta y qué te hace feliz. Este viaje hacia tu interior es el más valioso de todos, porque en él descubres no solo quién eres, sino también quién tienes el potencial de llegar a ser.

> **"La cueva en la que temes entrar guarda el tesoro que buscas."**
> Joseph Campbell

Recuerda, en este viaje hacia el autoconocimiento, tú eres tanto el viajero como el camino. Las respuestas que buscas no están en un lugar lejano ni en manos de alguien más; están dentro de ti, esperando ser descubiertas. Con cada paso de autoexploración, te acercas más a tu verdadero yo, a ese ser ilimitado y lleno de potencial que siempre has sido.

2. CREENCIAS LIMITANTES

En el camino hacia el autoconocimiento, las creencias limitantes son como cadenas invisibles que restringen tu verdadero potencial. Imagina estar frente a un espejo que, en lugar de reflejar tu auténtica esencia, proyecta una versión distorsionada de ti mismo. Esa imagen es el resultado de las creencias limitantes: esas ideas que has aceptado sobre lo que puedes o no puedes hacer, ser o tener.

A menudo, estas creencias se forman durante la infancia, moldeadas por lo que te dijeron padres, maestros y la sociedad. Son como programas que se ejecutan silenciosamente en tu mente, influyendo en tus decisiones y comportamientos sin que siquiera lo notes. Piensa en ellas como etiquetas que te has puesto a ti mismo: "No soy lo suficientemente bueno", "No puedo lograr eso", "Eso no es para personas como yo". Estas etiquetas definen los límites de tu mundo.

Ahora, ¿qué pasaría si pudieras cambiar esas creencias? El primer paso es reconocer que existen. Luego, cuestiona su veracidad. Pregúntate: **"¿Es esta creencia realmente cierta?"** y **"¿Quién sería yo sin esta creencia?"**.

Una vez que identifiques tus creencias limitantes, el siguiente paso es reemplazarlas con creencias potenciadoras.

Nuestras creencias están basadas en nuestra evaluación de algo. Con frecuencia, al reevaluar una situación, nuestra percepción y, en consecuencia, nuestra creencia al respecto, puede cambiar. Por eso, es importante revisar qué creencias tienes sobre lo que puedes lograr en tu vida, tanto personal como profesional.

Por ejemplo, en lugar de decir: "No soy lo suficientemente bueno", afirma: "Tengo el poder de mejorar y crecer". Este cambio no sucede de la noche a la mañana. Es un proceso que requiere práctica, repetición y paciencia.

Imagina tus creencias potenciadoras como semillas que plantas en el jardín de tu mente. Cada día, estas semillas necesitan ser regadas con pensamientos y acciones positivas. Con el tiempo, esas semillas se convertirán en árboles robustos de confianza y autoestima, que serán la base de tu crecimiento personal.

El desafío con las creencias limitantes es que suelen estar profundamente arraigadas. Incluso después de trabajar en ellas, pueden reaparecer. Aquí es donde la autosugestión, la resiliencia y la determinación juegan un papel crucial. Cada vez que una creencia limitante intente resurgir, recuérdate a ti mismo tus nuevas creencias potenciadoras. Rechaza cualquier idea que no coincida con lo que deseas y refuerza aquellas que sí lo hacen. **Autosugestiónate**. Recuerda que el mayor regalo divino que tienes es el poder de **elegir en qué pensar**.

Finalmente, rodearte de un entorno y de personas que refuercen tus nuevas creencias es vital. Busca mentores, amigos y comunidades que te apoyen y crean en ti. No olvides que eres el promedio de las cinco personas con las que pasas más tiempo, así que elige sabiamente quiénes forman parte de tu círculo cercano.

En resumen, liberarte de las creencias limitantes es un viaje de autoconocimiento y crecimiento personal. Este proceso requiere conciencia, cuestionamiento, sustitución de viejas creencias y un entorno que te impulse. Aunque no sea un camino fácil, es profundamente gratificante. Al final, te encontrarás con una versión de ti mismo más libre, capaz y empoderada. Las cadenas de las creencias limitantes se romperán, y verás en el espejo tu auténtico reflejo: un ser ilimitado y lleno de potencial.

EJERCICIOS DE APRENDIZAJE:

Basado en lo explicado en este capítulo sobre qué concepto tienes de ti mismo y lo que leíste acerca de quién realmente eres:

- ¿Qué resonó contigo o qué fue lo que más sentido te hizo?
- ¿Qué te causó más conflicto sobre lo que expliqué acerca de lo que realmente eres? Observa aquí tu respuesta, porque probablemente tus creencias limitantes están ahí si sentiste conflicto.

Escribe diariamente quién crees que eres:

- ¿Qué concepto tienes de **ti?**
- ¿Qué crees que eres capaz de lograr?

Basado en lo explicado en este capítulo, piensa y pregúntate:

- ¿Estoy siendo esa persona?
- ¿Estoy realmente demostrando ese potencial mío?

Nota: Asegúrate de contestar estas preguntas diariamente. En nuestro programa **Elite Mindset & World Class Results** lo hacemos a diario durante las dos semanas que dura esta lección.

3. PROCESO CREATIVO

El proceso creativo es fundamental en la manifestación de tus sueños y metas. Es un ciclo dinámico de generación de ideas, experimentación y expresión, y comienza con la **fantasía**.

Construir la fantasía. El primer paso es permitirte soñar y visualizar lo que realmente deseas, sin limitaciones. Esta fantasía actúa como el punto de partida para cualquier gran logro. Aquí te enfrentas a dos preguntas esenciales:

- ¿Soy capaz?
- ¿Estoy dispuesto?

Responder afirmativamente a ambas te lleva a la siguiente fase.

Evolución de fantasía a teoría. Al reflexionar constantemente sobre tu fantasía, esta comienza a transformarse en una **teoría**. En esta etapa crucial, empiezas a considerar la posibilidad real de convertir tu sueño en realidad.

Implicación emocional y cambio de comportamiento. Cuando te involucras emocionalmente con tu fantasía (meta), comienzas a cambiar tu comportamiento de manera que te acerque más a tu meta. Este cambio marca la transición de la teoría a la práctica.

Creencia y Acción. Es esencial creer en tu capacidad para alcanzar tu deseo y estar dispuesto a hacer lo necesario para convertirlo en un objetivo tangible. Esta creencia te impulsa a tomar acciones concretas hacia su realización.

Resultados y conversión de teoría en hecho. A medida que tu comportamiento cambia, también lo hacen tus resultados. Lo que comenzó como una simple fantasía empieza a manifestarse en la realidad.

Existen cinco pasos del proceso creativo para la manifestación de toda idea o meta y son los siguientes:

1. Fijar la idea
2. Crear la imagen mental
3. Emocionarte con la imagen
4. Escuchar tu intuición
5. Sentido de urgencia (accionar)

Dentro del programa **Elite Mindset & World Class Results** profundizamos más en estos cinco pasos.

4. METAS TIPO A, B y C

Las metas son esenciales para la realización personal y el éxito. Se clasifican en tres tipos:

1. **Tipo A:** Metas que ya has alcanzado.
2. **Tipo B:** Metas que crees que puedes alcanzar.
3. **Tipo C:** Tus sueños más grandes y aparentemente inalcanzables (fantasías).

Mientras las metas tipo A y B te mantienen dentro de tu zona de confort, las metas tipo C te empujan a soñar más grande, a esforzarte más y a crecer. Estas metas nacen de tus deseos más profundos y auténticos.

El objetivo de toda meta es tu crecimiento. Lo que obtienes al lograrla es la recompensa, pero la versión de ti en la que te conviertes es aún más importante.

Para alcanzar estas metas tipo C, deberás superar tus creencias limitantes y confiar en tus facultades mentales. Deberás visualizar estas metas, creer en su posibilidad y tomar acciones concretas hacia su realización. Este proceso te llevará a través de un viaje de autodescubrimiento, desafío y, finalmente, transformación.

Recuerda, el establecimiento de metas no es solo acerca de alcanzar un objetivo específico, sino sobre el crecimiento personal y la transformación que experimentamos en el proceso. Al perseguir metas tipo C, no solo estás trabajando hacia la realización de un sueño, sino también hacia la realización de tu verdadero potencial.

LOS 3 TIPOS DE METAS

Metas Tipo A

Son aquellas metas cuyo proceso y método para alcanzarlas ya son conocidos. Estas metas no representan un desafío significativo, ya que se basan en experiencias y habilidades previas. No requieren de un crecimiento personal o profesional fuera de lo que ya se conoce y domina.

Metas Tipo B

Estas metas se centran en lo que crees que eres capaz de lograr. Son un poco más desafiantes que las metas tipo A, ya que implican cierto grado de incertidumbre y la necesidad de expandir tus habilidades actuales. Aunque no te llevan completamente fuera de tu zona de confort, sí requieren un esfuerzo y una planificación adicional, ayudándote a crecer y desarrollarte más allá de tus capacidades actuales.

Sin embargo, la percepción de LO QUE TÚ CREES QUE PUEDES LOGRAR está condicionada y limitada por tu pasado y tus resultados actuales. Al final, estas metas no sacarán de ti los dones y talentos que tienes escondidos y de los cuales aún no eres consciente.

Metas Tipo C

Son tus deseos más profundos y verdaderos. Estas metas emergen de tus fantasías y sueños, y suelen ser aquellas que realmente deseas alcanzar, pero que pueden parecer inalcanzables o irrealizables desde tu perspectiva actual. Requieren una gran dosis de imaginación y creatividad para su concepción, y representan un desafío significativo, ya que te obligan a salir completamente de tu zona de confort y a explorar nuevas posibilidades.

Las metas tipo C son las que más te ayudan a crecer, ya que te empujan a descubrir y desarrollar capacidades que ni siquiera sabías que tenías. Yo las llamo: **LOS DESEOS DE TU ESPÍRITU, LO QUE REALMENTE DESEAS.**

En resumen, mientras las metas tipo A y B están basadas en lo conocido y en las capacidades actuales, las metas tipo C son aquellas que realmente te impulsan a explorar lo desconocido y a experimentar un crecimiento personal y profesional significativo.

EJERCICIOS DE APRENDIZAJE:

Para mejorar en el establecimiento de metas tipo C, que representan tus sueños más grandes y aparentemente inalcanzables, aquí tienes algunos ejercicios prácticos:

Escribe tus deseos:

Para este ejercicio, te invito a hacerlo en un espacio tranquilo, donde estés completamente relajado y en conexión contigo mismo. Concéntrate en pensar: ¿Qué quieres realmente? Reflexiona sobre qué te encantaría ser, hacer o tener, incluso si por ahora parece estar fuera de tu alcance. Sueña, fantasea y anota tanto tus deseos personales como profesionales. No te preocupes por cómo los vas a lograr, simplemente escribe lo que deseas.

Selecciona tu meta/objetivo:

De la lista que escribiste, selecciona uno de los deseos que más anheles, ese que te haga sentir, vibrar y emocionarte cada vez que pienses en él. Debe ser algo que desees con el alma. Anota este deseo, tanto en su aspecto personal como profesional.

Escribe tu meta:

Redacta tu objetivo o meta personal y profesional en tu tarjeta de metas. Escríbelo de manera breve y precisa, y lee tu tarjeta todos los días: por la mañana, durante el día y por la noche, tantas veces como te sea posible.

Ejemplo: *"YO SOY MUY FELIZ Y ESTOY AGRADECIDO AHORA QUE… GRACIAS, ¡YA ESTÁ HECHO!"*

Fecha: Anota la fecha para recordar el momento en que comenzaste tu camino hacia esta meta.

VISION BOARD

Crea un tablero visual

Diseña un tablero visual de tu meta tipo "C" utilizando imágenes y palabras que representen tu objetivo. Colócalo en un lugar donde puedas verlo todos los días, como el espejo del baño o tu habitación. Esto te ayudará a mantener el enfoque y a inspirarte constantemente.

Pasos Pequeños y Acciones Diarias

- **Visualización:** Dedica unos minutos cada día a visualizar tu deseo elegido, como si ya lo hubieras alcanzado. Imagina los detalles, cómo te sientes y lo que significa para ti.
- **Autosugestión:** Repite tu meta viéndote a los ojos frente al espejo durante 5 minutos, todos los días. Este es el paso número 1 de los 7 pasos diarios para lograr lo que quieres.
- **Escritura:** Dedica unos minutos diarios para escribir tu meta 30 veces en un solo renglón. Este es el paso

número 2 de los 7 pasos diarios para lograr lo que quieras.

- **Lista de acciones:** Escribe una lista de pequeñas acciones que puedas realizar cada día o semana para acercarte a tu deseo. El progreso constante, incluso en pequeña escala, es clave para alcanzar grandes sueños.

Es fundamental que seas honesto contigo mismo respecto a lo que realmente quieres. Si tu deseo no enciende tus motores, no te emociona o no resuena contigo, vuélvelo a escribir. Quiero que realmente sientas, vibres y te emociones al pensar en este deseo.

Repetición Diaria

Asegúrate de contestar estas preguntas **todos los días**, ya que este es uno de los factores más importantes del programa.

CAPÍTULO 11
EL PODER DE LA DECISIÓN

En uno de los capítulos anteriores, hablamos de la importancia de la autoimagen y cómo esta define los límites de lo que creemos posible en nuestra vida. Pero la autoimagen no trabaja sola; necesita un motor, un impulso que nos lleve a actuar en congruencia con esa visión que tenemos de nosotros mismos. Ese motor es **el deseo ardiente**.

Quiero que imagines a una persona en el punto más bajo de su vida, atrapada en una encrucijada sin ver una salida clara. Tal vez has estado en ese lugar, sintiéndote incapaz de cambiar lo que no te gusta de tu realidad, o tal vez conoces a alguien que lo está viviendo ahora mismo. ¿Qué separa a quienes logran salir de ese hoyo de aquellos que se quedan atrapados? La respuesta siempre está en las decisiones.

Las decisiones moldean nuestro destino, pero no cualquier decisión. Hablo de decisiones firmes, irrevocables, nacidas de un deseo ardiente, esa chispa que enciende el cambio real y duradero. Es esa sensación en el pecho que dice: "Esto no puede seguir así. Mi vida tiene que cambiar, y ahora".

En este capítulo, vamos a explorar los tres pilares fundamentales para dar ese giro que transforma vidas. Cada uno de estos pasos está diseñado para alinear tu autoimagen con el poder de tu deseo, ayudándote a tomar decisiones conscientes y firmes que te saquen del estancamiento y te pongan en el camino hacia tus metas más ambiciosas.

Lo que leerás a continuación no son simples consejos; son herramientas probadas, las mismas que yo mismo he utilizado para salir de mis momentos más difíciles y construir la vida que vivo hoy.

PRIMER PASO: CREA UNA AUTOIMAGEN INSPIRADORA

Todo comienza en tu mente. Antes de cambiar lo que haces o lo que tienes, necesitas transformar lo que *eres*. Déjame explicarte algo que cambió mi vida: **el poder de la autoimagen.**

Imagina que estás frente a un espejo. Pero no es cualquier espejo; este refleja no solo lo que ves, sino lo que sientes, lo que crees, lo que piensas sobre ti mismo. La imagen que proyecta ese espejo es la raíz de tus decisiones, de tus hábitos y, en última instancia, de tus resultados. Si miras ese reflejo y ves a alguien limitado, lleno de dudas o temores, esa será la persona que guiará tus acciones y tus resultados. Pero, ¿qué pasaría si te vieras como la persona que siempre has soñado ser? Aquí es donde comienza la magia.

El primer paso para cambiar tu vida es **crear una autoimagen inspiradora**. Esto significa decidir, con total claridad, quién eres y quién deseas ser, pero escribirlo y afirmarlo en tiempo presente. No es "voy a ser feliz", sino **"Soy feliz, estoy agradecido"**. Porque cuando comienzas a declararte como esa persona, estás enviando un mensaje directo a tu subconsciente: "Esto soy ahora". Y déjame decirte algo: tu subconsciente no sabe distinguir entre lo que es real y lo que imaginas. Simplemente obedece.

Define quién eres en tu mejor versión

Cuando crees esta autoimagen, sé específico. Incluye las cualidades que quieres fortalecer: amoroso, disciplinado, resiliente, comprensivo, líder. Escríbelo todo. **"Soy un padre amoroso que guía a sus hijos con paciencia y sabiduría. Soy un líder inspirador que impulsa a otros a alcanzar sus metas. Soy una persona disciplinada que cuida de su cuerpo, mente y espíritu. Soy agradecido por cada bendición en mi vida"**.

No te detengas solo en palabras; siente cómo sería vivir como esa persona. Cierra los ojos e imagina cómo caminarías, cómo hablarías, cómo enfrentarías los desafíos. Visualízate manejando situaciones difíciles con gracia y firmeza. Siente la energía de esa persona, como si ya vivieras desde esa versión de ti mismo. Esto no es solo un ejercicio; es una práctica diaria que transforma.

La clave está en el deseo ardiente

Déjame compartir algo que aprendí de mi mentor, Bob Proctor: **la emoción es el lenguaje que conecta tu mente consciente con tu subconsciente.** Si no sientes nada al crear tu autoimagen, si no te mueve emocionalmente, no sucederá nada. Necesitas desear esa versión de ti mismo con intensidad, como si tu vida dependiera de ello, porque, en cierto sentido, lo hace.

Recuerdo cuando decidí crear mi propia autoimagen. Me senté en la cama, con un cuaderno en las manos, y comencé a escribir: **"Soy muy feliz, estoy agradecido ahora que soy un líder y empresario exitoso. Soy un hombre disciplinado, resiliente y amoroso, que inspira a otros con su ejemplo."** Mientras escribía, algo dentro de mí se encendió. Se me erizó la piel. Podía verme caminando como esa persona, hablando como esa persona, actuando como esa persona. Fue como si, por primera vez, estuviera en control de mi destino.

Pero no fue fácil al principio. Mi mente me decía: "Memo, ¿a quién engañas? No estás ni cerca de ser esa persona". Esa es la voz del ego, del miedo, del pasado. Sin embargo, elegí no escucharla. Día tras día, repetía mi autoimagen en voz alta frente al espejo, hasta que lo que al principio parecía una mentira comenzó a sentirse como una verdad innegable.

Actúa como si ya lo eres

Aquí está el secreto: no basta con visualizarte; necesitas actuar como esa persona desde hoy. Piensa en cómo esa versión de ti mismo tomaría decisiones. ¿Cómo manejaría sus finanzas? ¿Cómo se cuidaría físicamente? ¿Cómo enfrentaría los problemas? **Hazlo ahora**, aunque no lo sientas natural al principio. Con el tiempo, tu mente comenzará a alinearse con tus acciones, y lo que parecía un esfuerzo se convertirá en tu nueva realidad.

Esto no significa que no habrá desafíos. Habrá días en los que dudarás de ti mismo, días en los que la vida te pondrá a prueba. Pero, créeme, esos son los momentos en los que más necesitas aferrarte a tu autoimagen. Porque lo que estás construyendo no es solo un cambio superficial; es una transformación profunda y duradera.

Un testimonio de transformación

Te lo digo porque lo viví. Cuando estaba en el punto más bajo de mi vida, endeudado, sin claridad y sin rumbo, fue mi autoimagen la que me sacó adelante. No fue suerte, ni recursos externos; fue el compromiso diario de verme y sentirme como la persona que quería ser. Hoy, esa visión es mi realidad. Si yo pude hacerlo, tú también puedes.

¿Estás listo para comenzar?

Toma un papel y escribe tu autoimagen hoy mismo. No esperes a mañana ni a sentirte "listo". Define quién eres en tu mejor versión y comienza a vivir desde esa realidad ahora. No importa cómo se vea tu vida actual; recuerda que lo que cuenta no es lo que ves, sino lo que crees. Cuando tu autoimagen cambia, todo a tu alrededor comienza a transformarse.

El cambio empieza contigo. Hoy es el día para decidir en quién te quieres convertir. **Escribe, afirma, visualiza y actúa.** Tu nueva vida comienza con la imagen que proyectas en tu mente. Y déjame decirte algo: ese reflejo no solo transformará tu vida; inspirará a otros a hacer lo mismo. ¡El poder está en ti!

SEGUNDO PASO: TOMA UNA DECISIÓN FIRME

Todo cambio profundo y significativo en la vida comienza con una decisión firme, una que no deja espacio para excusas ni para retroceder. Hablo de esas decisiones que se sienten como un punto de no retorno, donde, al tomarlas, sabes que todo debe cambiar porque no hay otra opción. Este tipo de decisión no es una simple intención o un deseo pasajero; es un compromiso absoluto con lo que has definido como tu visión.

Nuestras decisiones son las que construyen el futuro, no nuestras circunstancias. Si permites que tu cuenta bancaria, tus limitaciones actuales o tus miedos determinen tus elecciones, estarás atrapado en el mismo lugar donde comenzaste. Sin embargo, si eliges decidir desde tu visión —desde la persona que definiste en el primer paso—, abrirás puertas que antes ni siquiera imaginabas que existían.

Napoleón Bonaparte lo expresó mejor que nadie: "Las circunstancias, yo las creo". Este principio no significa ignorar la realidad, sino asumir el poder de moldearla. Todo lo que experimentas hoy es un reflejo directo de las decisiones que tomaste en el pasado, sean estas conscientes o inconscientes.

Si quieres un futuro diferente, necesitas tomar decisiones diferentes. Pero no cualquier decisión: debe ser una decisión firme, clara y comprometida.

El compromiso que mueve montañas

Hay una diferencia enorme entre estar interesado y estar comprometido. Una persona interesada hace lo necesario mientras no haya incomodidades; pero una persona comprometida hará lo necesario, pase lo que pase. Este nivel de compromiso activa un poder extraordinario. Cuando decides de manera irrevocable, los recursos, las personas y las oportunidades comienzan a alinearse contigo. Es como si el universo respondiera a tu convicción diciendo: "Finalmente estás listo".

Piensa en esos momentos en tu vida donde tomaste decisiones que parecían imposibles, pero lo hiciste de todos modos. Quizás fue elegir cambiar de carrera, mudarte a otro país o terminar una relación tóxica. Aunque no tenías todas las respuestas, algo dentro de ti sabía que era lo correcto. Esa claridad y compromiso son los que desencadenaron el cambio.

Rompe las barreras del miedo

Es normal que el miedo aparezca cuando enfrentas una decisión importante. Pero aquí está la clave: no permitas que ese miedo te paralice. En lugar de verlo como un obstáculo, míralo como una señal de que estás avanzando hacia algo significativo. Las decisiones que realmente transforman son aquellas que te sacan de tu zona de confort.

No te enfoques en lo que tienes o lo que te falta en este momento. Enfócate en lo que deseas y comprométete con esa visión. Aunque el camino no esté completamente claro, confía en que las respuestas llegarán a medida que avances. Las personas que logran grandes cosas no esperan tener todo resuelto antes de actuar; toman decisiones firmes y luego construyen el camino.

Fe vs. miedo

Cuando tomas decisiones desde la fe, no desde el miedo, algo mágico ocurre. Comienzas a operar desde una vibración más alta, y eso afecta todo a tu alrededor. Dios y el universo responden a esa energía. Si decides con dudas, incertidumbre o temor, obtendrás resultados tibios. Pero si decides con confianza, incluso en la incertidumbre, el resultado será completamente diferente.

En mi experiencia, hubo momentos donde no tenía las herramientas ni los recursos para justificar mis decisiones. Pero al comprometerme firmemente, las cosas comenzaron a alinearse. Personas clave aparecieron, oportunidades inesperadas surgieron y recursos llegaron cuando más los necesitaba. Esto no es suerte; es el poder de tomar decisiones firmes basadas en la fe. Es la ley universal de causa y efecto: ¡a toda acción hay una reacción!

Decide hoy, sin excusas

¿Qué decisión estás postergando? ¿Qué cambio sabes que necesitas hacer, pero que el miedo te ha detenido? Hoy es el día para decidir. No esperes a que las condiciones sean perfectas; no lo serán. Las mejores decisiones se toman cuando estás comprometido con tu visión, no con tus circunstancias actuales.

Recuerda: una decisión firme no es solo un pensamiento o una intención. Es un acto de fe que demuestra al universo que estás listo para recibir. Hazla hoy. Porque en esa decisión puede estar el inicio de la vida que siempre has soñado.

TERCER PASO: DECIDE POR LO QUE DESEAS, NO POR LO QUE TIENES

Las decisiones que verdaderamente transforman nuestra vida no se toman desde lo que tenemos o desde lo que vemos, sino desde lo que anhelamos profundamente en nuestro corazón. Aquí es donde muchos se detienen, porque es fácil mirar alrededor, ver tus limitaciones y pensar que no hay manera de avanzar. Pero déjame decirte algo que aprendí en mi camino: **las decisiones más importantes son aquellas que parecen imposibles**.

Cuando tomas una decisión basada en lo que deseas, en lugar de lo que tienes, te conectas con un nivel de fe y compromiso que trasciende la lógica. La Biblia lo dice claramente en 2 Corintios 5:7: **"Andamos por fe, no por vista."** Esto significa que no debes guiarte por lo que ves frente a ti, sino por la certeza de lo que sabes que puedes lograr si actúas desde la fe.

El miedo: tu guía hacia el crecimiento

Es normal sentir miedo al enfrentar decisiones importantes. Es un recordatorio de que estás saliendo de tu zona de confort, y eso es exactamente donde necesitas estar para crecer. **Si no sientes miedo, probablemente no estás soñando lo suficientemente en grande.**

Yo mismo lo he vivido muchas veces. Recuerdo estar frente a decisiones que me aterrorizaban: pedir dinero prestado para invertir en mi crecimiento, dejar atrás un estilo de vida que me estaba destruyendo o tomar un camino completamente desconocido. En esos momentos, el miedo se sentía como un muro infranqueable. Pero aprendí algo poderoso: **el miedo no es un obstáculo, es una señal de que estás en el camino correcto.**

Cuando el miedo aparece, en lugar de detenerte, hazte esta pregunta: "¿Qué pasaría si no lo intento?" Si la respuesta es que te quedarías en el mismo lugar, entonces ya tienes la respuesta. La comodidad nunca te llevará a tu destino; el crecimiento siempre requiere valentía.

La ley de la siembra y la cosecha

La Biblia nos enseña un principio universal: **"Todo lo que el hombre sembrare, eso también segará"** (Gálatas 6:7). Cada decisión que tomas es una semilla. Si siembras miedo y dudas, cosecharás estancamiento y frustración. Pero si siembras fe y acción, cosecharás resultados que excederán tus expectativas.

Este es un principio que funciona en todos los aspectos de la vida. Cuando decides desde la fe, activas las leyes universales de causa y efecto. Es como si el universo respondiera diciendo: "Finalmente entendiste cómo funciona." Las decisiones basadas en lo que deseas tienen el poder de transformar no solo tus circunstancias, sino también a la persona que eres.

Recuerdo cuando decidí invertir en mi primera mentoría con Bob Proctor. No tenía el dinero. Literalmente, no sabía cómo lo haría. Pero tomé la decisión porque sabía que ese era el camino que debía seguir. Lo que sucedió después fue casi milagroso: las personas correctas aparecieron, los recursos llegaron y, lo más importante, mi mentalidad comenzó a cambiar. **Esa decisión sembró la vida que hoy estoy viviendo.**

Las decisiones valientes transforman realidades

Cuando decides por lo que deseas, algo mágico ocurre: las circunstancias empiezan a ajustarse a tu favor. No significa que todo será fácil o que no habrá obstáculos, pero tu enfoque cambia. En lugar de preguntarte "¿Cómo voy a lograrlo?", comienzas a pensar "¿Qué puedo hacer hoy para acercarme a mi meta?".

Es importante que recuerdes esto: **las decisiones valientes siempre son recompensadas.** Incluso si no ves el camino completo, cada paso que das abre una nueva posibilidad. Es como conducir en la noche con las luces encendidas: solo puedes ver unos metros delante de ti, pero si sigues avanzando, llegarás a tu destino.

Comprométete con tu deseo, no con tus limitaciones

El compromiso no es algo que tomas a la ligera. Decidir por lo que deseas significa estar dispuesto a pagar el precio, a sacrificar la comodidad y a enfrentarte a la incertidumbre. No se trata de ser imprudente, sino de ser visionario.

A menudo, me preguntan: "¿Cómo puedo comprometerme si no tengo los recursos?" Mi respuesta es siempre la misma: **los recursos llegan cuando tomas la decisión.** Si esperas a que todo esté perfecto para actuar, te quedarás esperando toda la vida.

Cuando mi esposa y yo decidimos mudarnos a Estados Unidos, no teníamos todo resuelto. Vendimos todo lo que teníamos, literalmente todo. Fue una decisión que nos empujó más allá de nuestros límites, pero sabíamos que era lo correcto. Hoy puedo decir que esa decisión cambió el curso de nuestras vidas para siempre.

¿Qué decisión te está esperando?

Ahora te pregunto: ¿qué es lo que realmente deseas? No me refiero a lo que es seguro o cómodo, sino a lo que enciende tu alma, lo que te hace soñar despierto. Ese deseo no está en tu corazón por casualidad; está ahí porque es posible para ti.

Pero hay una condición: debes decidir. No puedes esperar que las cosas cambien por sí solas. Tienes que tomar la iniciativa, dar el primer paso y confiar en que todo lo demás se alineará. No se trata de esperar a que tengas todas las respuestas; se trata de avanzar con fe.

Hoy es el día para decidir por lo que deseas, no por lo que tienes. El miedo estará ahí, pero también lo estará tu fe. Elige cuál de los dos tendrá la última palabra.

Decide hoy, actúa hoy y cosecha toda una vida de posibilidades.

La clave para una transformación real

Después de un tiempo de inactividad, decidí convertirme en *coach*. Aunque nunca había sido uno y sentía mucho miedo, lo intenté. Al compartir mi propósito, recibí críticas y rechazo. Sin embargo, poco después, mi hermano y mi cuñada me pidieron que les explicara mi proyecto y me apoyaron con $7,000 dólares. Poco después, otro cliente se interesó y también contribuyó. Con esos recursos, mi esposa y yo sentimos que era posible vivir una vida extraordinaria.

Incluso, decidimos mudarnos a Estados Unidos sin tener asegurado un ingreso fijo. Vendimos todos nuestros muebles en cuestión de días y partimos con la certeza de que lograríamos nuestros objetivos. Hoy hemos alcanzado un nivel de vida que parecía imposible en aquel entonces.

Estábamos comiendo en una mesita para niños, de esas que tienen mis hijos, cuando miré alrededor, el resto de la casa y pensé: "Ya no queda ningún mueble, no hay marcha atrás, es hora de irnos." Así que nos fuimos, primero a la casa de mis padres, mientras buscábamos un hogar aquí en San Diego.

Fue en ese proceso cuando mi hermano me pagó y también un gran amigo, el arquitecto Oscar. Todo comenzó a cambiar. Tomamos decisiones clave, y esas decisiones transformaron por completo nuestras vidas.

Ahora quiero hablarte de otro punto: "Acércate a un mentor". Este punto es fundamental. Recuerda: no necesitas reinventar la rueda, lo que deseas ya existe. Como dice Neville Goddard en su libro *El poder de la conciencia:* "Lo que deseas ya está creado. La creación está terminada. Solo está fuera de tu vista porque únicamente puedes ver lo que hay en tu conciencia".

Por eso, es importante que te acerques a un mentor que tenga una conciencia elevada, que entienda las leyes universales, la manifestación, la abundancia. Un mentor que amplíe tu nivel de conciencia, que te enseñe a creer y te ayude a ver lo que no ves. Porque, créeme, mi mentor, Bob Proctor, cambió mi vida por completo.

Cuando te acercas a un mentor que ha demostrado resultados tangibles en su vida —en su físico, sus finanzas, sus relaciones, su contribución al mundo—, estás tomando una decisión clave. Si eres verdaderamente flexible y sigues los pasos que te indica, esa persona estará dispuesta a ayudarte. Porque, cuando el alumno está listo, el maestro aparece.

Es importante que entiendas que no hay límite para lo que puedes lograr si tomas la decisión de acercarte al mentor adecuado. Y esa decisión debe ser firme, sin importar lo que cueste. Cuando tomas la decisión, los medios aparecerán.

Tu mentor debe tener resultados palpables, verificables en todas las áreas de su vida. No se trata solo de dinero. Hay gente tan pobre que solo tiene dinero. Lo que buscas es una vida bendecida, que abarque todos los aspectos: físico, relaciones, espiritualidad, contribución y finanzas. Esa es la persona que te llevará de la mano y te mostrará paso a paso cómo lograrlo.

Recuerda, no necesitas reinventar la rueda. Los mentores están aquí para ayudarte a identificar y superar los puntos ciegos. Todos los tenemos y son, justamente, los mentores quienes nos ayudan a verlos y a actuar sobre ellos.

Puedes pasar años frustrado, gastando dinero en programas sin lograr nada. Lo que realmente necesitas es un mentor dispuesto a guiarte, a enseñarte todos los días, a mostrarte amor y empatía, y a llevarte a la vida que deseas.

Ahora, hablemos de la diferencia entre un *coach* y un mentor. Un *coach* te proporciona las instrucciones y te dice qué hacer, pero no necesariamente está involucrado en tu progreso personal. Un *coach* no puede, por formación, involucrarse tanto en tu proceso, ya que la decisión de aplicar lo aprendido recae sobre ti.

En cambio, un mentor es alguien cuya vida es un reflejo de lo que tú deseas lograr. Está dispuesto a acompañarte, a enseñarte con empatía y a involucrarse en tu progreso como si fuera un amigo cercano. Un mentor no solo te da instrucciones; te guía, te acompaña y está comprometido con tu éxito.

Si en este momento te preguntas cómo encontrar un buen mentor, déjame decirte lo siguiente: **lo que estás buscando también te está buscando**. El simple hecho de dar el primer paso, de moverte hacia la acción, te acercará a esa persona. Este es un principio que mi mentor, Bob Proctor, me enseñó. Hay fuerzas invisibles que trabajan a tu favor cuando decides actuar con fe.

Así que, empieza a buscar. Hoy en día hay muchas maneras de encontrar mentores, sobre todo a través de las redes sociales, videos y plataformas como YouTube. Sin embargo, debes ser selectivo. No te dejes llevar por las apariencias, sino por los resultados reales en la vida de las personas. Y si estás dispuesto a buscar con dedicación, encontrarás a alguien que se ajuste a tus necesidades.

Sobre mi programa de mentoría, lo que hace la diferencia con otros es el enfoque constante en la repetición y la práctica diaria. Yo decido estar presente todos los días con mis estudiantes, en vivo, porque entiende que el cambio real solo ocurre con la repetición permanente. La mayoría de los *coaches* y mentores ofrecen programas grabados y sesiones semanales, pero no es lo mismo. En nuestra cultura, muchos de nosotros somos indisciplinados y necesitamos ese acompañamiento diario para mantenernos enfocados y comprometidos.

Conmigo tendrás acceso diario a *coaching* en vivo, donde temas complejos son explicados de manera sencilla y directa. Esta es una de las grandes diferencias. Además, siento un amor genuino por mis estudiantes y por la sociedad. Mi compromiso es total, y esa es la clave para generar una transformación real en tu vida.

Reflexión final: Recuerda que el poder de una decisión comprometida transforma realidades. Dios y el universo responderán a esa fe, y las oportunidades que necesitas aparecerán. Haz lo que debes hacer, a pesar de las circunstancias, y verás cómo se manifiesta el cambio.

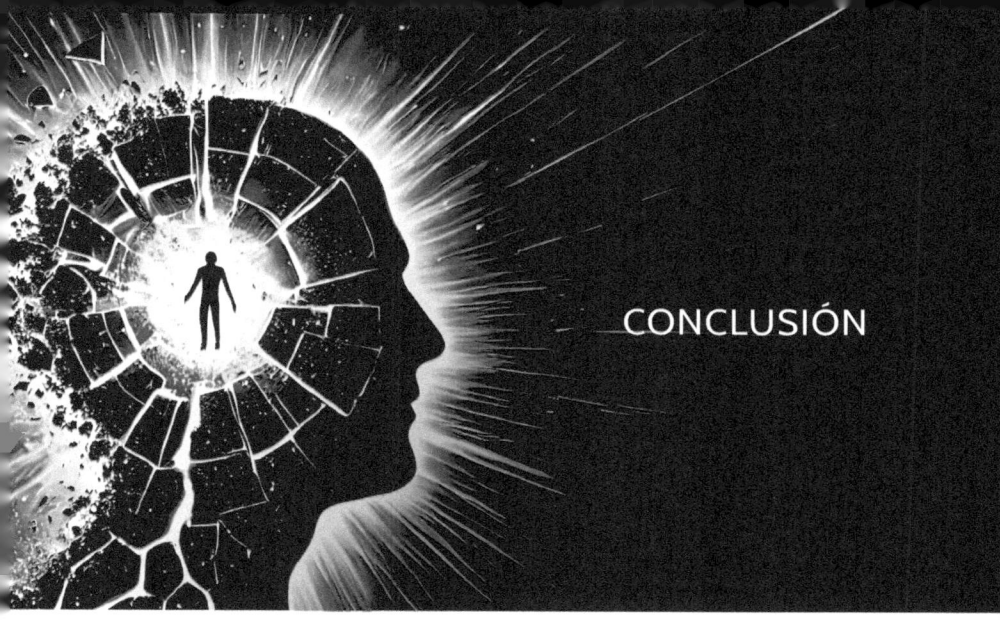

CONCLUSIÓN

Aquella noche en Rosarito, México, me vi en el reflejo del espejo mientras repetía mi autoimagen. Había vendido todos mis muebles, empacado lo poco que tenía y estaba a punto de mudarme a Estados Unidos sin garantías, solo con la fe como mi guía. Mi mente aún trataba de sabotearme, pero en mi corazón sabía que esta vez era diferente. Ese momento marcó el punto de inflexión en mi vida, y todo lo que he compartido contigo en estas páginas nació de esa decisión irrevocable de cambiar.

Ese es el mensaje central de este libro: **las decisiones poderosas transforman vidas**. Mi viaje no ha sido fácil, pero si algo puedo asegurarte, es que los principios que aquí te he compartido son universales y funcionan, si estás dispuesto a ponerlos en práctica.

A lo largo de este libro, hemos explorado cómo nuestra autoimagen y nuestros hábitos son los pilares que moldean nuestra vida. Hablamos del impacto de las creencias que llevamos en el subconsciente y de cómo, al reprogramarlas, podemos dar un salto cuántico en nuestros resultados. Cada capítulo fue diseñado para equiparte con herramientas prácticas, para que puedas alinear tu mente consciente y subconsciente con la vida que realmente deseas.

Hablemos brevemente de lo que aprendimos:

Conocer tu propósito: Todo comienza con un deseo ardiente, como lo vimos en mi historia inicial. Sin claridad en tu propósito, es imposible avanzar con fuerza y dirección.

Romper con el pasado: Ya sea un mal hábito, una relación tóxica o una creencia limitante, identificarlos y tomar decisiones firmes para dejarlos atrás es esencial para liberar tu verdadero potencial.

Crear tu autoimagen ideal: Este fue un capítulo fundamental. Escribir, visualizar y actuar como la persona que quieres ser no solo es poderoso, sino que es el catalizador de todo cambio. Esto lo viví en carne propia cuando decidí que era momento de convertirme en la persona que siempre soñé ser.

Quién realmente eres y deseas: Sin un verdadero autoconocimiento, nunca lograremos la vida que realmente deseamos, ya que la adversidad y la opinión de los demás nos estancarán y nos impedirán avanzar, sin que seamos conscientes de lo que realmente somos capaces de lograr. Cuando sabemos lo que deseamos, eso enciende nuestros motores cada día, generando un ardiente deseo hacia nuestro propósito.

Decisiones con fe: Vimos cómo cada decisión, por pequeña que parezca, tiene un impacto tremendo. La fe en lo que no ves —en ti mismo, en Dios, en el universo— es la base para construir una nueva realidad.

La importancia de un mentor: Un buen mentor ve más allá de lo que tú puedes imaginar. Fue mi relación con Bob Proctor lo que me enseñó a alinear mi vida con los principios de éxito universales y a superar mis propios límites.

Los siete pasos diarios: Estos pasos son el mapa que puedes usar para mantenerte en el camino, no importa cuán difícil sea el entorno. La repetición constante y la autosugestión son las claves para reprogramar tu mente.

Fórmula para la confianza en mí mismo: Aprendimos a usar esta poderosa fórmula que nos guía a reprogramar nuestra mente con afirmaciones claras y personalizadas. Con visualización, compromiso y fe, transformamos pensamientos en acciones y alcanzamos metas que reflejan nuestro verdadero potencial.

Despertar tu grandeza: Descubrimos cómo el autoconocimiento profundo y las metas tipo C pueden transformar nuestra vida. Aprendimos a utilizar nuestras facultades mentales, romper creencias limitantes y tomar acción con propósito, desbloqueando el verdadero poder que yace en nuestro interior. Tuviste una invitación a soñar en grande y actuar con determinación.

El poder del servicio: Al ayudar a otros a crecer, tú también creces. Mi misión con este libro no es solo contarte mi historia, sino inspirarte a usar tus propias experiencias para transformar vidas.

Como ya lo sabes, a lo largo de mi vida me enfrenté a divorcios, pérdidas económicas, adicciones y momentos oscuros donde sentía que no tenía nada. Pero en cada desafío encontré una lección. ¿Sabes cuál es la clave? **Actuar. Sin acción, todo el conocimiento del mundo no sirve de nada**.

Este libro no es para leerlo una sola vez y dejarlo en el estante. Es un manual de vida, una guía que puedes consultar una y otra vez, porque la transformación personal es un proceso continuo. Ahora es tu turno.

Quiero que cierres este libro con una sola pregunta: ¿Qué estás dispuesto a hacer hoy para convertirte en la persona que siempre soñaste ser?. Tienes todas las herramientas en tus manos, ahora depende de ti dar el primer paso.

Recuerda que no estás solo en este camino. Visita mi sitio web en www.MemoSerrano.com, donde encontrarás recursos adicionales, como un ebook gratuito y entrenamientos exclusivos que he preparado para ayudarte en tu proceso.

También puedes unirte a nuestra comunidad, donde compartimos experiencias, aprendizajes y apoyo mutuo.

Este libro no es el final de mi historia ni de la tuya. Es solo el comienzo de algo mucho más grande. Si sigues los principios que aquí te he compartido y decides comprometerte con tu transformación, te prometo que tu vida será testimonio de lo que es posible cuando tomas el control de tu destino.

Gracias por permitirme acompañarte en este viaje. Ahora, sal ahí afuera y hazlo realidad. El mundo está esperando lo mejor de ti.

Haz que cada día cuente.

Memo Serrano

PD: Si este libro ha tocado una fibra en ti, si algo de lo que leíste resonó con tu corazón o encendió una chispa en tu mente, entonces **es momento de actuar**. En la siguiente página, tienes la oportunidad de dar el siguiente paso: **agenda una cita** conmigo o con mi equipo y **juntos diseñaremos el camino paso a paso** hacia esa vida que sabes que mereces. ¡Hazlo ahora!...

MEMO SERRANO
ELITE COACHING
Diseña tu Vida
de Éxito

AGENDA UNA CITA

¿Listo para alcanzar tus más grandes metas y transformar tu vida?

Descubre tu verdadero potencial y toma una decisión que cambiará tu destino.

Agenda tu llamada hacia tu Libertad con tu *Success Advisor* y comienza tu camino hacia el éxito.

¡Aprovecha esta oportunidad única!

Agenda Una Sesión Hoy

ESCANEAR AQUÍ

Elite Mindset Coaching

AGRADECIMIENTOS

Quiero agradecer, primero que nada, a Dios, que existe dentro de mí y de todos los seres humanos, por darme la fuerza, el autoconocimiento, la guía en todos los momentos de adversidad.

Le quiero agradecer, también, a mis padres por ese amor, esa resiliencia, esa dirección, esos valores, esa integridad y ese propósito de convertirme en un gran ser humano.

Le quiero agradecer a mi esposa, Violeta Álvarez, por ser esa mujer extraordinaria que, a través de su temple, de su carácter, de su amor, siempre me muestra el lado positivo de las cosas y saca lo mejor de mí.

A mis hijos, que me han hecho o me han ayudado a convertirme en una mejor versión de mí mismo. Han desafiado a mi viejo yo y me han inspirado a convertirme en un mejor ser humano para ser una mejor guía y ejemplo para ellos.

A mis hermanos Victor y Miguel por su amor y por siempre apoyarme sobre todo en los momentos difíciles de mi vida.

Al maestro Bob Proctor. Porque me dio esperanza, me abrió la visión, me enseñó una nueva vida, me mostró que una nueva vida era posible. Por brindarme tanto, por abrir un nuevo mundo de amor, de abundancia, de pasión y de propósito en mi vida. Por darme las herramientas para llegar a donde he llegado y por construir un hermoso legado. Hoy he tomado esa batuta, esa antorcha y sigo con ella hasta mi muerte y la compartiré con muchos más, creando una compañía que sigue compartiendo ese camino.

A mi equipo, porque ha confiado en mí, ha creído en mí, ha creído en la visión y está siempre presente. A David Mondragón, por ser mi mano derecha, mi socio, mi gran amigo y por todo su compromiso con este proyecto. ¡Gracias mi hermano! A Alexandra Sosa, por su amistad, por siempre buscar dar lo mejor de sí misma y que la empresa funcione de la mejor manera con grandes valores.

A Marco Peña, por su enorme conocimiento y pasión hacia los clientes, hacia el servicio al cliente. A Ronald Naranjo, a Cris Cisneros y a David Mata por venir e inyectar un nuevo nivel de creencia y de resultados a la empresa. A Misael Rabadán, por su amistad y por su gran pasión por lo que hace y la enorme contribución a la empresa.

A Henry Valdivia, María Cruz, Marisol Arámburo, Mónica Lemus, Fabiola Castro, Alfredo Garay, Begonia, Amarilis, a Waldemar Hernández por su gran apoyo; William Herrera por toda la fe que me inyecta día a día; Sergio López por confiar en mí y por su amistad de más de 20 años. También agradezco a Danna y Santiago, Sophie, Melissa, Manuel, Jesika, Candida, Mariana, Penny, Rubén, Ruby, Mariano, Stalin y Susi, Lucy, Isabel, Leticia, Carmen y Gabriel. A todo el equipo de Europa y a todos los miembros de mi equipo y empresa en general. Aunque no mencione sus nombres, les agradezco desde el corazón el haber tomado esta empresa, Memo Serrano Elite Coaching, en sus manos, haberse puesto la camiseta y hacerla suya, logrando que se mueva y triunfe, incluso a veces sin mi presencia.

A Alfonso Inclán por su enorme ayuda para hacer este libro posible. ¡Gracias por tu profesionalismo amigo!

A toda la comunidad de estudiantes de este servidor, que cada día están ahí inyectando ese amor, ese entusiasmo y confiando en mí y en mi equipo.

Y a todos los mentores que tuve. Agradezco de corazón todo lo que me enseñaron, bueno y malo. A todas las personas que no están de acuerdo con mi filosofía, gracias por mostrarme que soy resiliente, gracias por desafiarme, porque me ayudan. Soy capaz de reconocer, aceptar y mejorar.

Y gracias a todas las personas, amigos, conocidos, familia, que de una u otra manera me apoyan, que desde sus trincheras y su vida me mandan una oración o me bendicen o agradecen por aquello que hemos compartido en la vida.

Gracias de corazón a todos. ¡Dios los bendice!

ACERCA DEL AUTOR

Memo Serrano es un Elite Mindset Mentor, conferencista y consultor del Proctor Gallagher Institute, una institución de prestigio mundial, reconocida como la cuna del desarrollo personal y la transformación integral. Como único latino en el círculo de excelencia de Bob Proctor, Memo se ha convertido en un referente para aquellos que buscan cerrar la brecha entre el saber y el hacer, y crear resultados extraordinarios.

Con más de 15 años de experiencia profesional como ingeniero, ejecutivo de ventas y líder en Network Marketing, y desde 2020 con su propia empresa de consultoría de negocios y mentalidad "Memo Serrano Elite Coaching Diseña Tu Vida De Éxito", Memo ha liderado equipos de cientos de personas y transformado la vida de miles. Con su propia compañía, generó más de $3.5 millones de dólares en ventas en tan solo 3 años y medio. Su enfoque integral combina herramientas prácticas, desarrollo mental y un profundo entendimiento de las dinámicas humanas.

Ha perfeccionado sus habilidades de liderazgo y ventas bajo la tutela de figuras como Bob Proctor y Eric Worre, destacándose en eventos como su exclusivo *Mastermind World Class Results* en Huntington Beach, donde entrenó a más de 70 empresarios e inversionistas de alto nivel, así como su evento en Paso Robles, CA llamado "Mindset & Real Estate" donde entrenó y capacitó a más de 50 empresarios exitosos en dicho ramo.

Día a día, Memo entrena a cientos de empresarios e inversionistas de real estate, empresarios, dueños de negocio y otras personas a incrementar su nivel de conciencia y aumentar sus resultados en sus negocios y su vida personal.

Originario de México, Memo Serrano encuentra su propósito en inspirar a otros a transformar sus vidas en todos los aspectos: físico, emocional, mental y financiero. Vive en San Diego, California, con su esposa e hijos, quienes son su mayor fuente de motivación. Su misión diaria es ayudar a las personas a superar sus barreras internas, reprogramar sus mentes y alcanzar su máximo potencial. Puedes conocer más sobre Memo y su trabajo en www.MemoSerrano.com.

¡FELICIDADES POR LLEGAR HASTA AQUÍ!

Querido lector,

Antes que nada, quiero agradecerte desde el fondo de mi corazón por haber llegado hasta aquí. Que estés leyendo estas líneas significa mucho para mí porque sé que no es casualidad. Este libro lo escribí con la intención de aportar valor real a tu vida, de ayudarte a romper esas barreras que nos limitan, y si has llegado hasta este punto, es porque estás listo para dar ese siguiente gran paso.

Ahora, te quiero pedir un pequeño favor. Tu experiencia con este libro no solo es importante para mí, sino que también puede inspirar a muchas otras personas que están buscando algo más, que están listas para dar un giro a sus vidas pero necesitan ese empujón final.

Solo te pido dos cosas muy simples:

- Cuéntame cómo este libro impactó tu vida.

- Deja un comentario sincero y práctico en mi página de Amazon.

Es muy fácil. Solo busca mi nombre o el título del libro en Amazon, y ahí podrás dejar tu opinión. Créeme, cada palabra que compartas será leída con muchísima gratitud. Tus comentarios no solo me inspiran a seguir creando, sino que también pueden marcar la diferencia para alguien más que, como tú, está buscando respuestas y herramientas para cambiar.

Si este libro te ayudó, si algo de lo que leíste aquí resonó contigo, por favor deja tu calificación y unas palabras. Esa acción tiene el poder de generar un impacto mucho más grande de lo que imaginas.

Gracias por haberme permitido acompañarte en este proceso. Estoy emocionado de ver cómo lo que aprendiste aquí empieza a tomar forma en tu vida, cómo lo aplicas con determinación y comienzas a vivir esa transformación que mereces.

¡Nos vemos en Amazon!

Con gratitud,
Memo Serrano

MENTORÍA DIARIA

Inicia Una Transformación Inmediata En Tu Mentalidad

Beneficios

Acceso a las mentorías en VIVO
Conocimiento sobre leyes universales
Entiende tus creencias limitantes
Mejora tu autoimagen
Comunidad de apoyo exclusiva
Y mucho más...

Regístrate gratis HOY mismo

Sígueme En Mis Redes Sociales

 FACEBOOK

 **INSTAGRAM**

YOUTUBE

ESCANEA LOS CÓDIGOS CON TU CELULAR

DESCUBRE LA NUEVA FORMA DE ESCRIBIR UN LIBRO

En Menos De 90 Días

www.EditorialMision.com

Ya no pospongas más tu obra. Nosotros te ayudamos a:

- Estructurar
- Sondear
- Definir
- Escribir
- Editar
- Maquetar
- Diseñar
- Publicar
- Promocionar

Nuestros Libros Transforman Vidas

Descubre cómo en este corto video:

EditorialMision.com/publicar

www.ingramcontent.com/pod-product-compliance
Lightning Source LLC
Chambersburg PA
CBHW021143230426
43667CB00005B/236